Impressum
Verlag: BABADADA GmbH, Nedderfeld 112 , 22529 Hamburg
Geschäftsführer / Verlagsleitung: Harald Hof
Druck: Books on Demand GmbH, In de Tarpen 42, 22848 Norderstedt

Imprint
Publisher: BABADADA GmbH, Nedderfeld 112 , 22529 Hamburg, Germany
Managing Director / Publishing direction: Harald Hof
Print: Books on Demand GmbH, In de Tarpen 42, 22848 Norderstedt

ကျောင်း

school

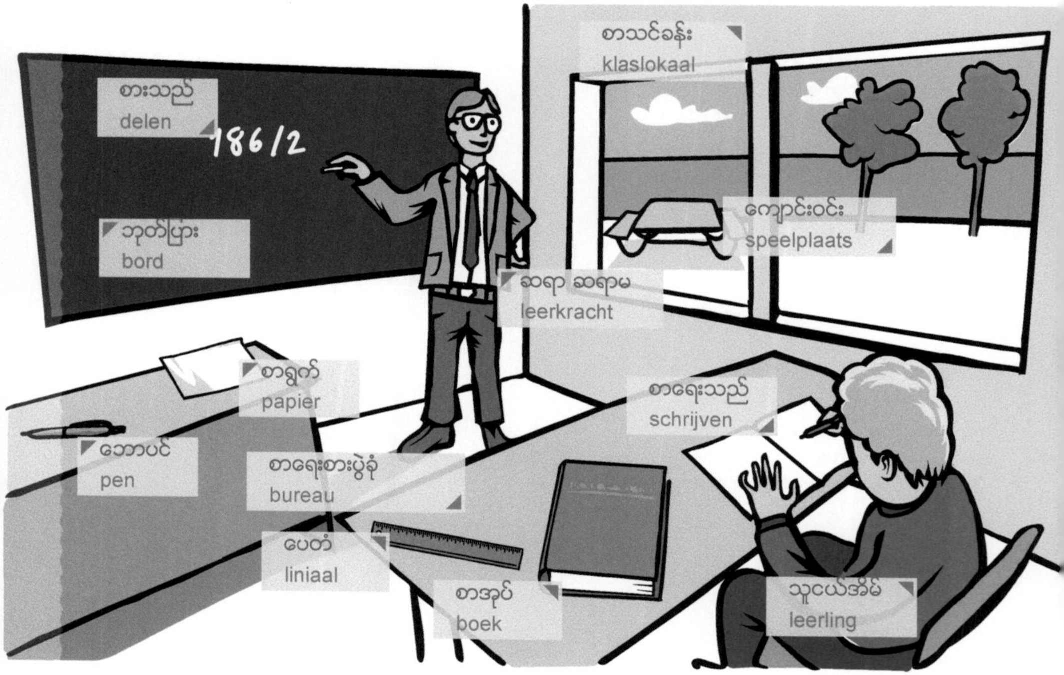

စာသင်ခန်း
klaslokaal
စားသည်
delen
186/2
ဘုတ်ပြား
bord
ကျောင်းဝင်း
speelplaats
ဆရာ ဆရာမ
leerkracht
စာရွက်
papier
စာရေးသည်
schrijven
ဘောပင်
pen
စာရေးစားပွဲခုံ
bureau
ပေတံ
liniaal
စာအုပ်
boek
သူငယ်အိမ်
leerling

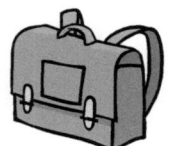

အဖုံးပါ ဘေးလွယ်အိတ်

schooltas

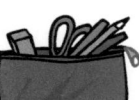

ခဲတံဘူး

pennenzak

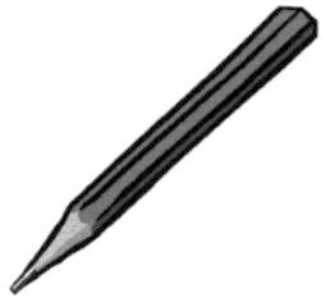

ခဲတံ

potlood

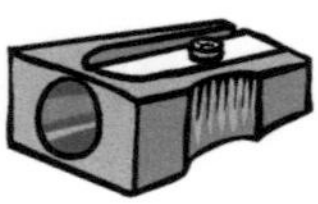

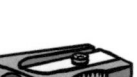

ချွန်စက်

puntenslijper

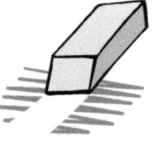

ခဲဖျက်

gom

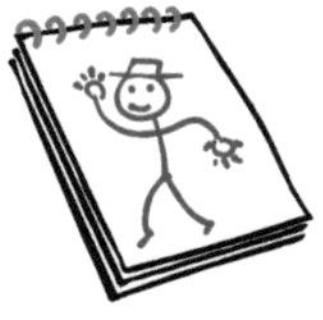

ပုံဆွဲစာအုပ်

tekenblok

ပုံဆွဲခြင်း

tekening

ဆေးခြယ်သည့် စုပ်တံ

verfborstel

အရောင်စုံ ဗူး

verfdoos

ကပ်ကြေး

schaar

ကော်

lijm

လေ့ကျင့်ခန်းစာအုပ်

werkboek

အိမ်စာ

huiswerk

နံပါတ်

nummer

ပေါင်းသည်

optellen

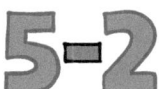

နုတ်သည်

aftrekken

မြှောက်သည်

vermenigvuldigen

တွက်ပါ

rekenen

စာ

letter

အက္ခရာ

alfabet

စကားလုံး

woord

ကျောင်း - school

3

ဖတ်စာအုပ်

tekst

ဖတ်သည်

Lezen

မြေဖြူ

krijt

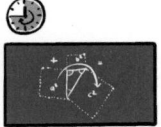

သင်ခန်းစာ

les

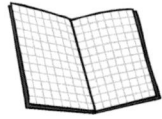

ကျောင်းခေါ် ချိန်
မှတ်တမ်းစာအုပ်

klassenboek

စာမေးပွဲ

examen

အထောက်အထားလက်မှတ်

certificaat

ကျောင်းဝတ်စုံ

schooluniform

ပညာရေး

onderwijs

စွယ်စုံကျမ်း

encyclopedie

တက္ကသိုလ်

universiteit

အနုကြည့်မှန်ပြောင်း

microscoop

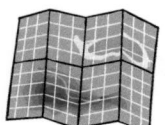

မြေပုံ

kaart

အမှိုက်စက္ကူပုံး

papiermand

ဟိုတယ်
hotel

ဘော်ဒါဆောင်
jeugdherberg

ငွေလဲဌာန
wisselkantoor

ခရီးဆောင်အိတ်
koffer

ကား
auto

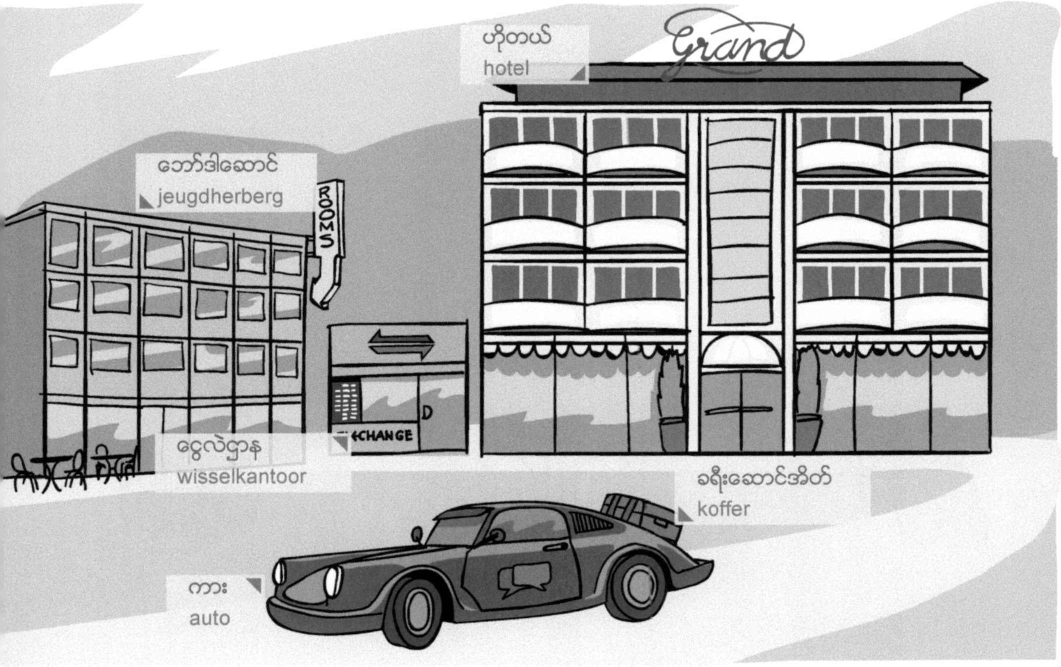

ဘာသာစကား
Taal

မှန် / မှား
ja / nee

အိုကေ
oké

ဟယ်လို
hallo

ဘာသာပြန်
vertaler

ကျေးဇူးတင်ပါတယ်
bedankt

......က ဘယ်လောက်လဲ။

Hoeveel kost …?

ကျွန်ုပ် နားမလည်ဘူး

Ik begrijp het niet

ပြဿနာ

probleem

မင်္ဂလာ ညနေခင်းပါ။

Goedenavond!

မင်္ဂလာ နံနက်ခင်းပါ။

Goedemorgen!

မင်္ဂလာ ညပါ။

Goedenavond!

ဘိုင်းဘိုင်

Tot ziens

ဦးတည်ရာ

richting

ခရီးဆောင်သေတ္တာ

bagage

အိတ်

zak

ကျောပိုးအိတ်

rugzak

ဧည့်သည်

gast

အခန်း

kamer

တစ်ကိုယ်စာအိပ်ယာလိပ်

slaapzak

ရွက်ထည်တဲ

tent

ခရီးသွားသည် - reis

ခရီးသွားဧည့်သည်အတွက်
သတင်းအချက်အလက်

toeristeninformatie

ကမ်းခြေ

strand

အကြွေးဝယ်ကတ်

kredietkaart

နံက်စာ

ontbijt

နေ့လည်စာ

lunch

ညစာ

avondeten

လက်မှတ်

ticket

ဓာတ်လှေကား

lift

တံဆိပ်ခေါင်း

postzegel

နယ်စပ်

grens

အခွန်များ

douane

သံရုံး

ambassade

ဗီဇာ

visum

နိုင်ငံကူးလက်မှတ်

paspoort

သယ်ယူပို့ဆောင်ရေး

transport

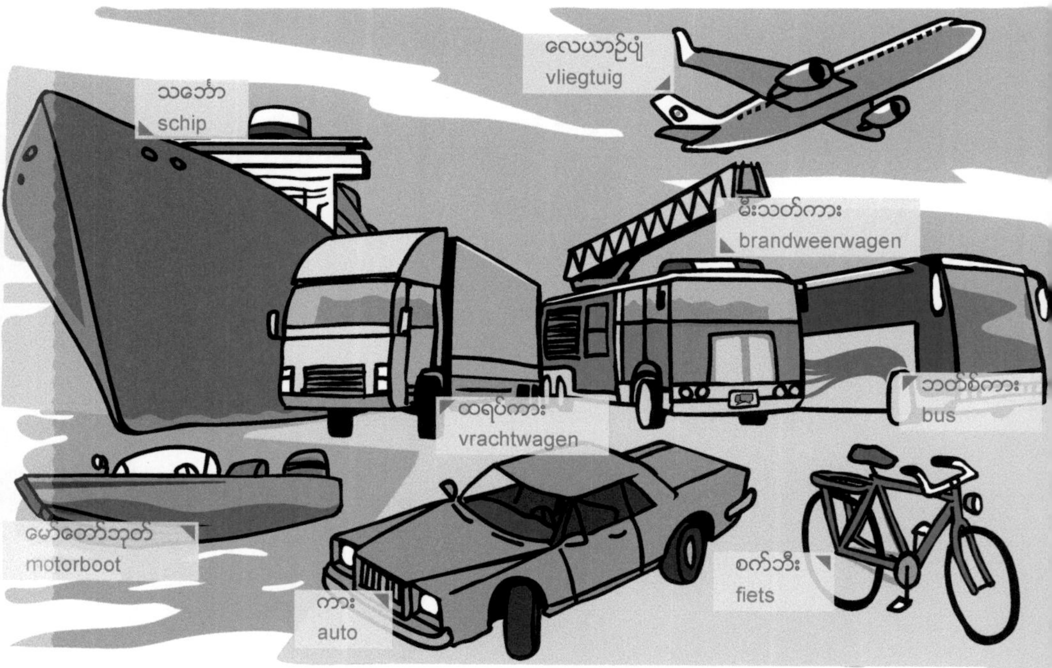

လေယာဉ်ပျံ
vliegtuig
သင်္ဘော
schip
မီးသတ်ကား
brandweerwagen
ဘတ်စ်ကား
bus
ထရပ်ကား
vrachtwagen
မော်တော်ဘုတ်
motorboot
စက်ဘီး
fiets
ကား
auto

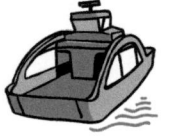

ဖယ်ရီသင်္ဘော

veerboot

လှေ

boot

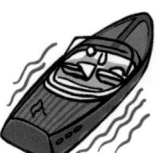

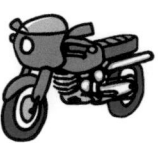

မော်တော်ဆိုင်ကယ်

motor

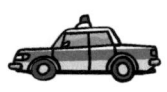

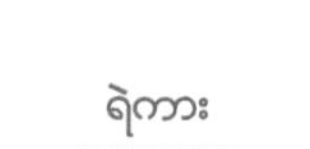

ရဲကား

politiewagen

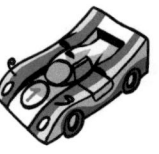

ပြိုင်ကား

racewagen

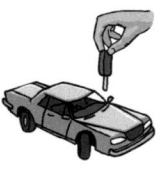

စင်းလုံးငှားကား

huurauto

ကားဝေမျှသုံးစွဲခြင်း

carpoolen

ပျက်နေသော ထရပ်ကား

sleepwagen

အမှိုက်သယ်ယာဉ်

vuilniswagen

မော်တာ

motor

လောင်စာ

benzine

ဓာတ်ဆီဆိုင်

benzinestation

လမ်းကြောပြ ဆိုင်းဘုတ်

verkeersbord

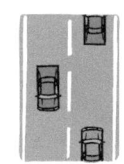

ယာဉ်အသွားအလာ

verkeer

လမ်းကြောပိတ်ဆို့မှု

file

ကားရပ်နားရာနေရာ

parkeerplaats

ရထားဘူတာရုံ

station

လမ်းကြောင်းများ

sporen

ရထား

trein

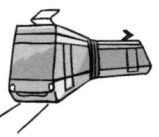

ဓာတ်ရထား

tram

ရထားလုံး

wagon

ဟယ်လီကော်ပီတာ

helikopter

လေဆိပ်

luchthaven

တာဝါ

toren

ခရီးသည်

passagier

ထည့်စရာပုံး

container

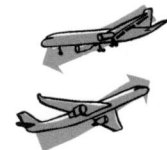

ကတ်ထူပုံး

karton

လှည်း

kar

ခြင်း

mand

ထွက်ခွာ / ဆိုက်ရောက်

opstijgen / landen

မြို့တော်
stad

ကျေးရွာ

dorp

မြို့လယ်ခေါင်

stadscentrum

အိမ်

huis

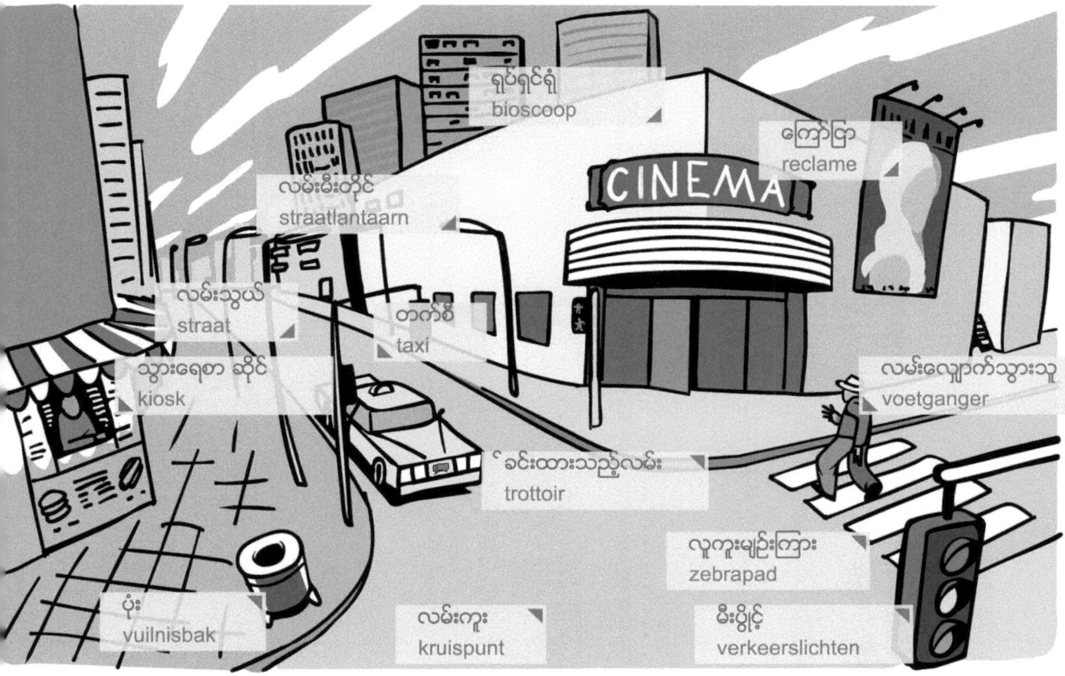

ရုပ်ရှင်ရုံ
bioscoop

ကြော်ငြာ
reclame

လမ်းမီးတိုင်
straatlantaarn

CINEMA

လမ်းသွယ်
straat

တက္ကစီ
taxi

သွားရေစာ ဆိုင်
kiosk

လမ်းလျှောက်သွားသူ
voetganger

ခင်းထားသည့်လမ်း
trottoir

လူကူးမျဉ်းကြား
zebrapad

ပုံး
vuilnisbak

လမ်းကူး
kruispunt

မီးပွိုင့်
verkeerslichten

တဲအိမ်

hut

နေအိမ်ခန်း

woning

ရထားဘူတာရုံ

station

မြို့တော်ခန်းမ

stadshuis

ပြတိုက်

museum

ကျောင်း

school

တက္ကသိုလ်

universiteit

ဘဏ်

bank

ဆေးရုံ

ziekenhuis

ဟိုတယ်

hotel

ဆေးဆိုင်

apotheek

ရုံးခန်း

kantoor

စာအုပ်ဆိုင်

boekwinkel

ဆိုင်

winkel

ပန်းရောင်းသူ၏

bloemenwinkel

စူပါမားကတ်

supermarkt

ဈေး

markt

ပစ္စည်းမျိုးစုံရောင်းသည့်
စတိုးဆိုင်ကြီး

warenhuis

ငါးရောင်းသူ၏

vishandelaar

ဈေးဝယ်စင်တာ

winkelcentrum

သင်္ဘောဆိပ်

haven

အနားယူပန်းခြံ

park

ထိုင်ခုံတန်း

bank

တံတား

brug

လှေကားထစ်များ

trap

မြေအောက်

metro

ဥမင်လိုဏ်ခေါင်း

tunnel

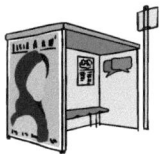

ဘတ်စ်ကားမှတ်တိုင်

bushalte

ဘား

bar

စားသောက်ဆိုင်

restaurant

စာတိုက်သေတ္တာ

brievenbus

လမ်းဆိုင်းဘုတ်

straatnaambord

ကားရပ်နားခ ကောက်ခံသည့်
မီတာ

parkeermeter

တိရိစ္ဆာန်ရုံ

zoo

ရေကူးကန်

zwembad

ဗလီ

moskee

လယ်ယာ

boerderij

ညစ်ညမ်းမှု

milieuverontreiniging

သင်္ချိုင်းကုန်း

kerkhof

ဘုရားရှိခိုးကျောင်း

kerk

ကစားကွင်း

speelplaats

ဘုရားကျောင်း

tempel

ရှုခင်း
landschap

လမ်း / weg

သစ်ရွက် / blad

ဆိုင်းဘုတ် / wegwijzer

မြက်ခင်း / weide

ကျောက်တုံး / steen

သစ်ပင် / boom

တောင်တက်သမား / wandelaar

မြစ် / rivier

မြက် / gras

ပန်း / bloem

တောင်ကြား
vallei

တောင်ကုန်း
heuvel

ရေကန်
meer

သစ်တော
bos

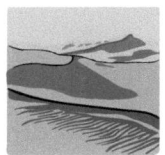

သဲကန္တာရ
woestijn

မီးတောင်
vulkaan

ရဲတိုက်
kasteel

သက်တန့်
regenboog

မှို
paddenstoel

ထန်းပင်
palmboom

ခြင်
mug

ပျံသန်းသည်
vlieg

ပုရွက်ဆိတ်
mier

ပျား
bijl

ပင့်ကူ
spin

ရှုခင်း - landschap

ပိုးတောင်မာ
kever

ဖား
kikker

ရှဉ့်
eekhoorn

ဖြူကောင်
egel

ယုန်
haas

ဇီးကွက်
uil

ငှက်
vogel

ငန်း
zwaan

တောဝက်
wild zwijn

သမင်
hert

ချိုပြားဒရယ်
eland

ဆည်
dam

လေအားသုံး
လျှပ်စစ်ဓာတ်အားပေးစက်
windturbine

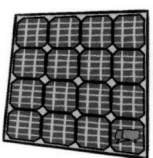

နေရောင်ခြည်ခံပြား
zonnepaneel

ရာသီဥတု
klimaat

စားသောက်ဆိုင်

restaurant

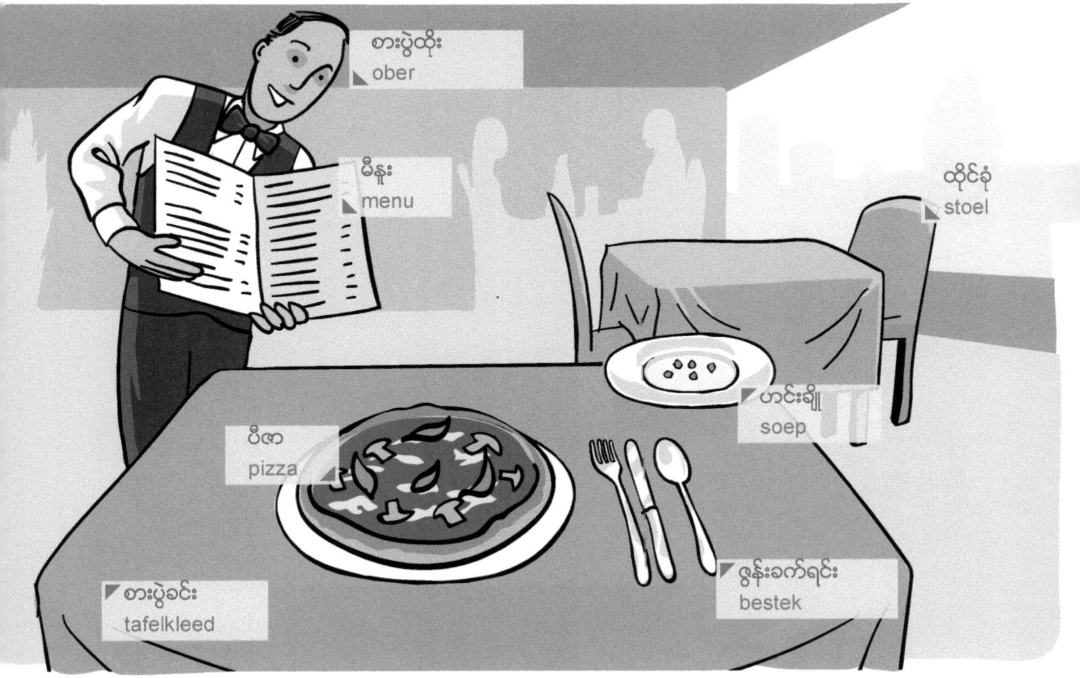
စားပွဲထိုး
ober
မီနူး
menu
ထိုင်ခုံ
stoel
ဟင်းချို
soep
ပီဇာ
pizza
ဇွန်းခက်ရင်း
bestek
စားပွဲခင်း
tafelkleed

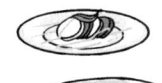

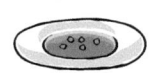

ပထမဆုံး စားသည့် အစာ

voorgerecht

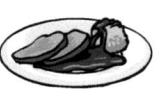

ပင်မ အစာ

hoofdgerecht

အချိုပွဲ

nagerecht

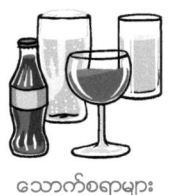

သောက်စရာများ

drankjes

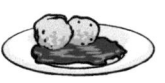

အစားအစာ

eten

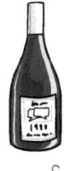

ပုလင်း

fles

အသင့်ပြင်ပြီးသား အစားအစာ

fastfood

လမ်းဘေးအစားအစာ

street food

လက်ဖက်ရည်အိုး သို့မဟုတ်
ရေနွေးကြမ်းအိုး

theepot

သကြားအိုး

suikerpot

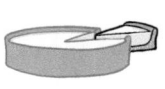

တစ်ယောက်စာ

portie

အက်စပရက်ဆို ကော်ဖီစက်

espressomachine

ထိုင်ခုံအမြင့်

kinderstoel

ငွေတောင်းခံလွှာ

rekening

ပန်း

dienblad

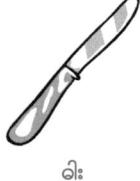

ဓါး

mes

ခက်ရင်း

vork

ဇွန်း

lepel

လက်ဖက်ရည်ဇွန်း

theelepel

လက်သုတ်ပုဝါ

serviette

ရေသောက်ဖန်ခွက်

glas

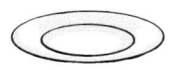

ပန်းကန်ပြား

bord

ဟင်းချိုပန်းကန်ပြား

soepbord

ပန်းကန်ပြား

schoteltje

ဆော့စ်

saus

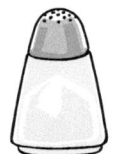

ဆားအိုး

zoutvatje

ငရုတ်ကောင်း ချေစက်

pepermolen

ရှာလကာရည်

azijn

ဆီ

olie

ဟင်းခတ်အမွှေးအကြိုင်

kruiden

ခရမ်းချဉ်သီးဆော့စ်

ketchup

မုန်ညင်းဆီဆော့စ်

mosterd

မယိုးနိစ်

mayonaise

စူပါမားကတ်

supermarkt

အထူးကမ်းလှမ်းချက်
aanbieding
FOR
ဖောက်သည် သို့မဟုတ် ဈေးဝယ်သူ
klant
နို့ထွက်ပစ္စည်း
zuivelproducten
သစ်သီး
fruit
ထရော်လီလှည်း
winkelwagen

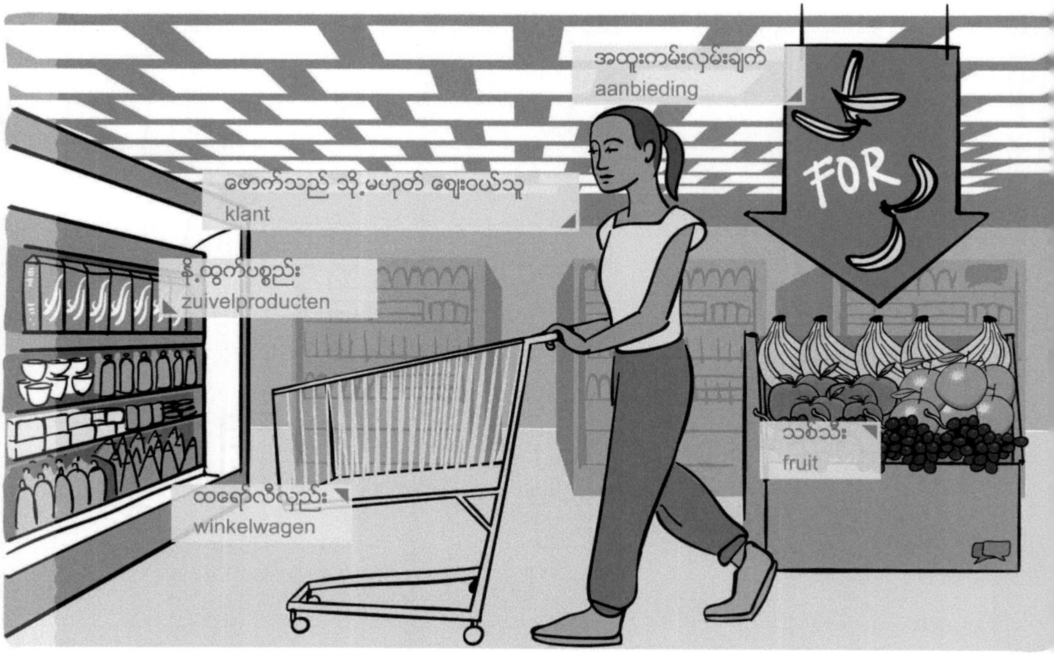

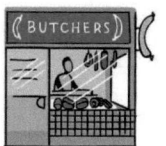

BUTCHERS

သားသတ်သမား၏

slagerij

BAKERY

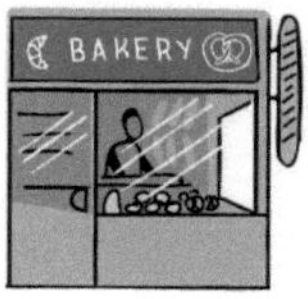

မုန့်ဖုတ်သမား၏

bakkerij

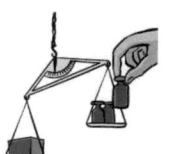

အလေးချိန်သည်

wegen

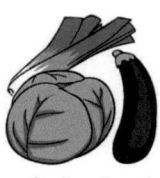

ဟင်းသီးဟင်းရွက်

groenten

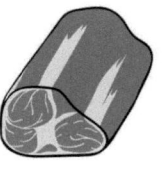

အသား

vlees

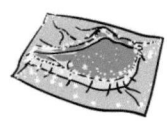

အေးခဲထားသည့် အစားအစာ

diepvriesvoedsel

ပြင်ဆင်ထားသော အသားအေး

charcuterie

သံဖူးသွပ် အစားအစာ

conserven

ဆပ်ပြာမှုန့်

waspoeder

သကြားလုံးများ

snoep

အိမ်သုံး ပစ္စည်းများ

huishoudproducten

သန့်ရှင်းရေး ပစ္စည်းများ

schoonmaakproducten

ဈေးရောင်းသူ

verkoopster

အထိ

kassa

ငွေကိုင်

kassier

ဈေးဝယ်စာရင်း

boodschappenlijstje

ဖွင့်ချိန်နာရီများ

openingstijden

အိတ်ဆောင် ပိုက်ဆံအိတ်

portefeuille

အကြွေးဝယ်ကတ်

kredietkaart

အိတ်

tas

ပလပ်စတစ်အိတ်

plastieken zakje

ရေ

water

သစ်သီးဖျော်ရည်

sap

နွားနို့

melk

ကိုကာကိုလာ

cola

ဝိုင်

wijn

ဘီယာ

bier

အရက်

alcohol

ကိုကိုးမှုန့်

cacao

လက်ဖက်ရည် သို့ မဟုတ်
ရေနွေးကြမ်း

thee

ကော်ဖီ

koffie

အက်စ်ပရက်ဆို ကော်ဖီ

espresso

ကပူချီနိုကော်ဖီ

cappuccino

ငှက်ပျောသီး

banaan

ပန်းသီး

appel

လိမ္မော်သီး

sinaasappel

ဖရဲသီးမျိုးဝင်

meloen

သံပုရိုသီး

citroen

မုန်လာဥနီ

wortel

ကြက်သွန်ဖြူ

knoflook

မျှစ်

bamboe

ကြက်သွန်နီ

ajuin

မှို

champignon

ပဲစေ့များ

noten

ခေါက်ဆွဲ

noodles

စပါဂတီ ခေါ် အီတာလီ ခေါက်ဆွဲ
....
spaghetti

ထမင်း
....
rijst

ဆလပ်ရွက်သုတ်
....
salade

အကြွပ်ကြော်များ
....
frieten

အာလူးကြော်
....
gebakken aardappelen

ပီဇာ
....
pizza

ဟမ်ဘာဂါ
....
hamburger

အသားညှပ်ပေါင်မုန့်
....
sandwich

ကတ်တလိပ်
....
kalfslapje

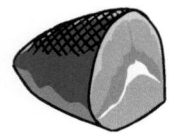

ဝက်ပေါင်ခြောက်
....
ham

ဆလာမီ
....
salami

ဝက်အူချောင်း
....
worst

ကြက်သား
....
kip

ရှို့စ်လုပ်ခြင်း
....
braden

ငါး
....
vis

ကွေကာအုတ်

havervlokken

မျိုးစလီ

muesli

ပြောင်းစေ့ပြား

cornflakes

ဂျုံမှုန့်

bloem

ခရာဆွန်း ခေါ်
ပြင်သစ်ပေါင်မုန့်တစ်မျိုး

croissant

ပေါင်မုန့်လိပ်

pistolet

ပေါင်မုန့်

brood

ပေါင်မုန့် မီးကင်

toast

ဘီစကစ်

koekjes

ထောပတ်

boter

ဒိန်ခဲ

kwark

ကိတ်မုန့်

taart

ဥ

ei

ဥကြော်

spiegelei

ချိစ်

kaas

ရေခဲမုန့်
ijs

သကြား
suiker

ပျားရည်
honing

ယို
confituur

ယိုသုတ်စားသည့် ချောကလက်
choco

ဟင်း
curry

လယ်ယာ
boerderij

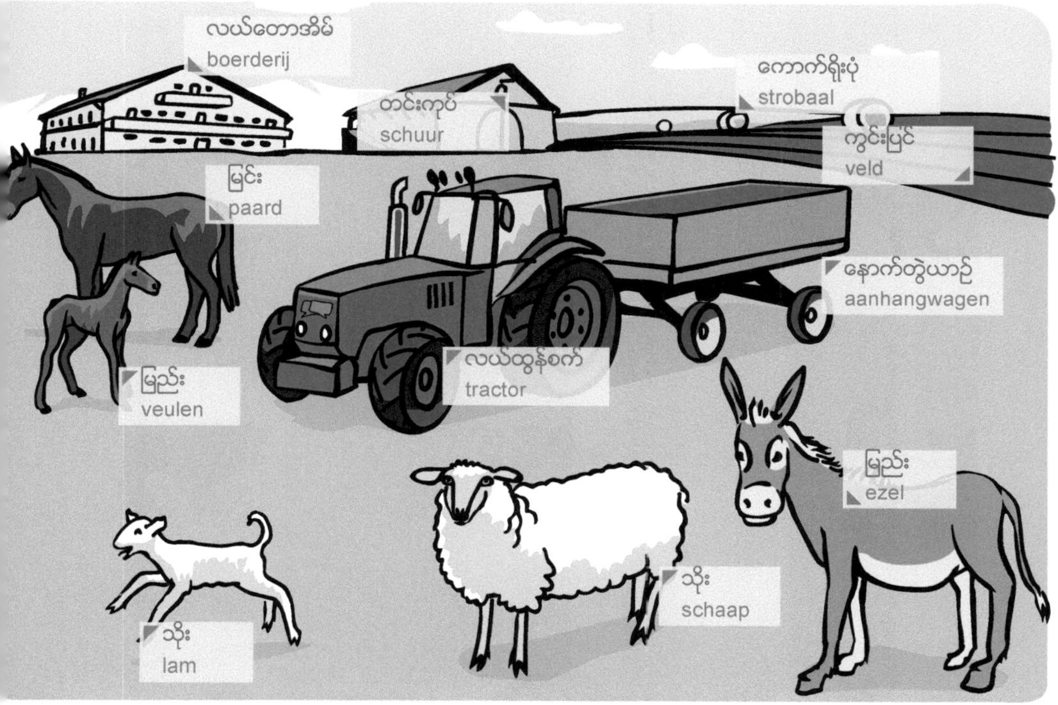
လယ်တောအိမ်
boerderij
တင်းကုပ်
schuur
ကောက်ရိုးပုံ
strobaal
ကွင်းပြင်
veld
မြင်း
paard
နောက်တွဲယာဉ်
aanhangwagen
လယ်ထွန်စက်
tractor
မြည်း
veulen
မြည်း
ezel
သိုး
schaap
သိုး
lam

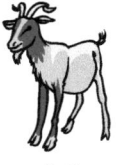

ဆိတ်

geit

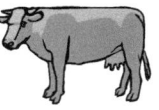

နွားမ

koe

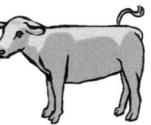

နွားလေး

kalf

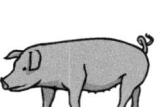

ဝက်

varken

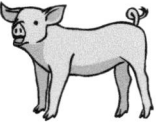

ဝက်ကလေး

biggetje

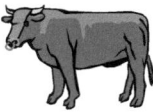

နွားထီး

stier

ဘဲငန်း

gans

ဘဲ

eend

ကြက်ပေါက်ကလေး

kuiken

ကြက်မ

kip

ကြက်ဖ

haan

ကြွက်

rat

ကြောင်

kat

ကြွက်ကလေး

muis

နွားထီး

os

ခွေး

hond

ခွေးအိမ်

hondenhok

ပန်းခြံရေပိုက်

tuinslang

ရေလောင်းသည့်ခွက်

gieter

တံစဉ်အပြားကြီး

zeis

ထယ်

ploeg

တံစဉ်

sikkel

ပေါက်ပြား

schoffel

ကောက်ဆွ

hooivork

ပေါက်ချွန်း

bijl

ဘီးတပ် လက်တွန်းလှည်း

kruiwagen

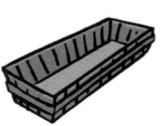

စားခွက်

trog

နို့ဗူး

melkkan

အိတ်

zak

ခြံစည်းရိုး

hek

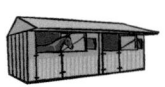

မြင်းဇောင်း

stal

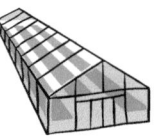

မှန်လုံအိမ်

broeikas

မြေကြီး

bodem

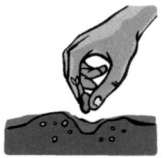

အစေ့

zaad

မြေသြဇာ

mest

စုပေါင်း ရိတ်သိမ်းသူ

maaidorser

ရိတ်သိမ်းသည်
....
oogsten

ရိတ်သိမ်းသည်
....
oogst

ပီလောပီနံ
....
yam

ဂျုံ
....
tarwe

ပဲပုပ်
....
soja

အာလူး
....
aardappel

ပြောင်း
....
maïs

နံစားပြောင်းဆီ
....
koolzaad

အသီးပင်
....
fruitboom

ပီလောပီနံ
....
maniok

စီရီရယ် ခေါ် နံနက်စာတစ်မျိုး
....
graan

အိမ်

huis

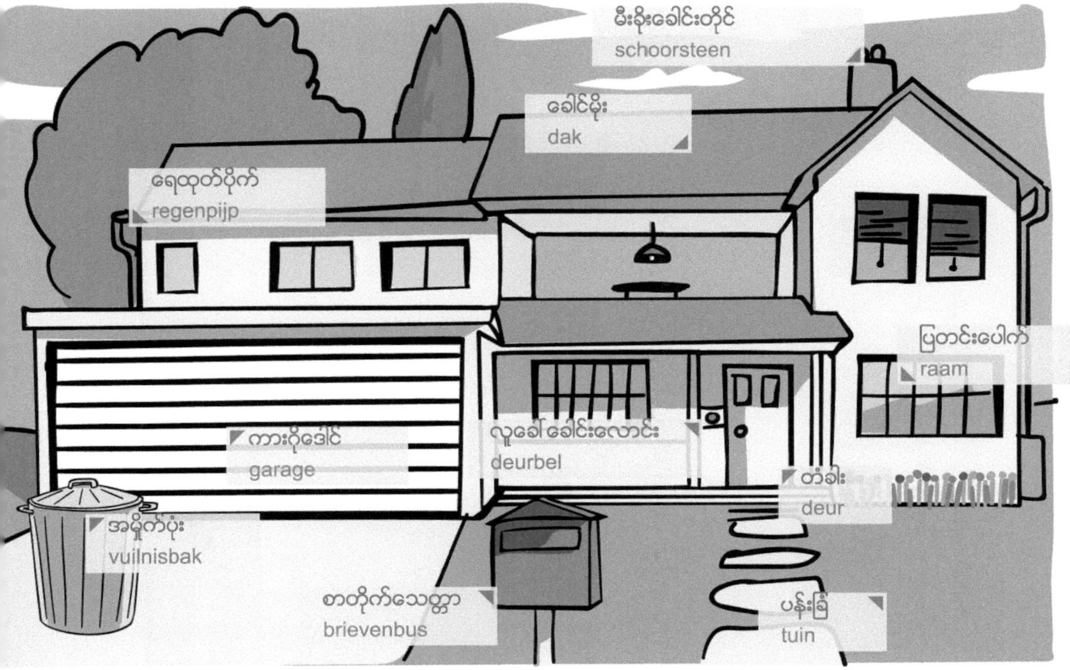

မီးခိုးခေါင်းတိုင်
schoorsteen
ခေါင်မိုး
dak
ရေထုတ်ပိုက်
regenpijp
ပြတင်းပေါက်
raam
ကားဂိုဒေါင်
garage
လူခေါ် ခေါင်းလောင်း
deurbel
တံခါး
deur
အမှိုက်ပုံး
vuilnisbak
စာတိုက်သေတ္တာ
brievenbus
ပန်းခြံ
tuin

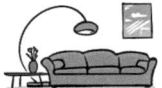

ဧည့်ခန်း

woonkamer

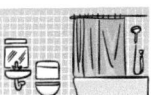

ရေချိုးခန်း

badkamer

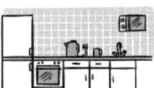

မီးဖိုချောင်

keuken

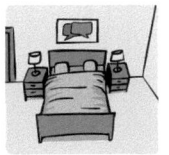

အိပ်ခန်း

slaapkamer

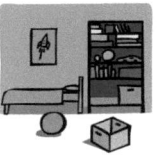

ကလေး အခန်း

kinderkamer

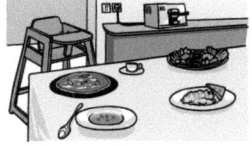

ထမင်းစားခန်း

eetkamer

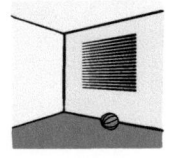

ကြမ်းပြင်

vloer

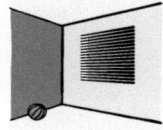

နံရံ

muur

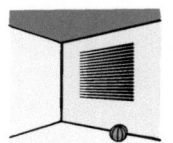

မျက်နှာကြက်

plafond

မြေအောက်ခန်း

kelder

ချွေးထုတ်ခန်း

sauna

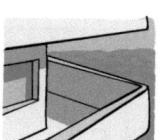

ဝရန်တာ

balkon

ဝရန်တာ

terras

ရေကူးကန်

zwembad

မြက်ရိတ်စက်

grasmaaier

အချပ်

dekbedovertrek

အိပ်ယာခင်း

dekbed

အိပ်ယာ

bed

တံမြက်စည်း

bezem

ရေပုံး

emmer

မီးခလုတ်

schakelaar

ဧည့်ခန်း
woonkamer

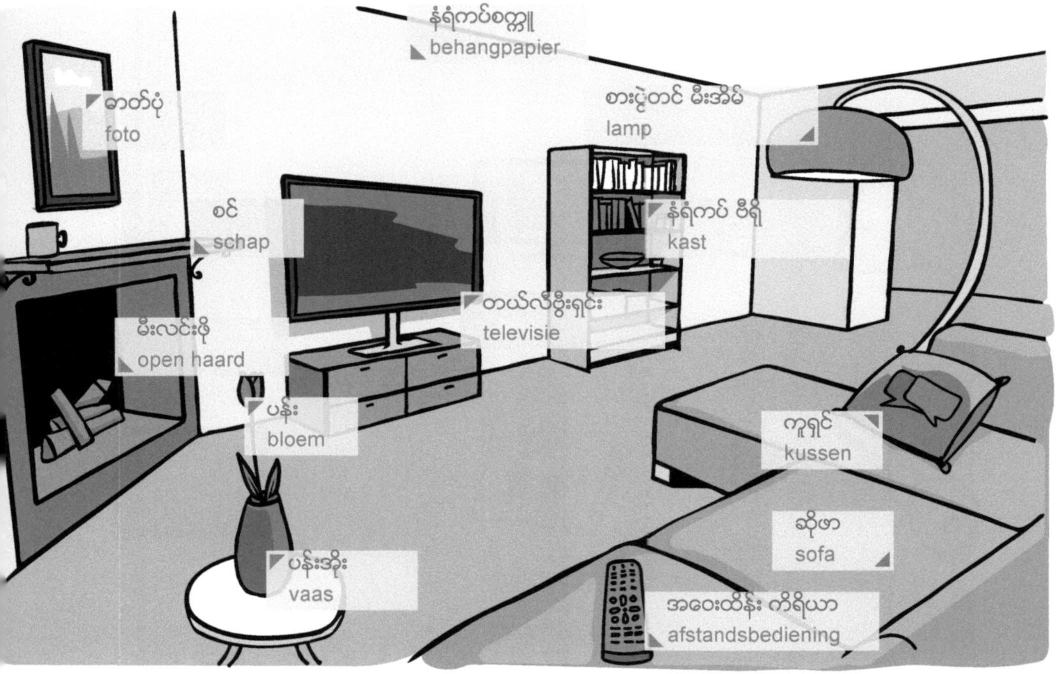
နံရံကပ်စက္ကူ
behangpapier
ဓာတ်ပုံ
foto
စားပွဲတင် မီးအိမ်
lamp
စင်
schap
နံရံကပ် ဗီရို
kast
တယ်လီဗွီးရှင်း
televisie
မီးလင်းဖို
open haard
ပန်း
bloem
ကူရှင်
kussen
ဆိုဖာ
sofa
ပန်းအိုး
vaas
အဝေးထိန်း ကိရိယာ
afstandsbediening

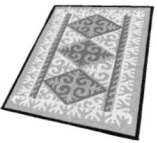

ကော်ဇော

mat

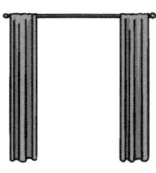

ကန့်လန့်ကာ

gordijn

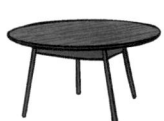

စားပွဲခုံ သို့မဟုတ် ဇယား

tafel

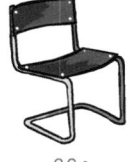

ထိုင်ခုံ

stoel

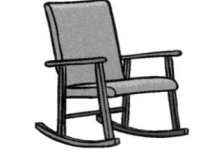

ရှေ့နောက် ယိမ်းနိုင်သည့် ထိုင်ခုံ

schommelstoel

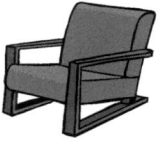

လက်တင်ထိုင်ခုံ

fauteuil

စာအုပ်

boek

စောင်

deken

အပြင်အဆင်

decoratie

ထင်း

brandhout

ဖလင် သို့မဟုတ် ရုပ်ရှင်

film

ဟိုင်ဖိုင် ကိရိယာ

stereo-installatie

သော့

sleutel

သတင်းစာ

krant

ပန်းချီကား

schilderij

ပိုစတာ

poster

ရေဒီယို

radio

မှတ်စုစာရွက်အုပ်

notitieboekje

ဖုံစုပ်စက်

stofzuiger

ရှားစောင်းပင်

cactus

ဖယောင်းတိုင်

kaars

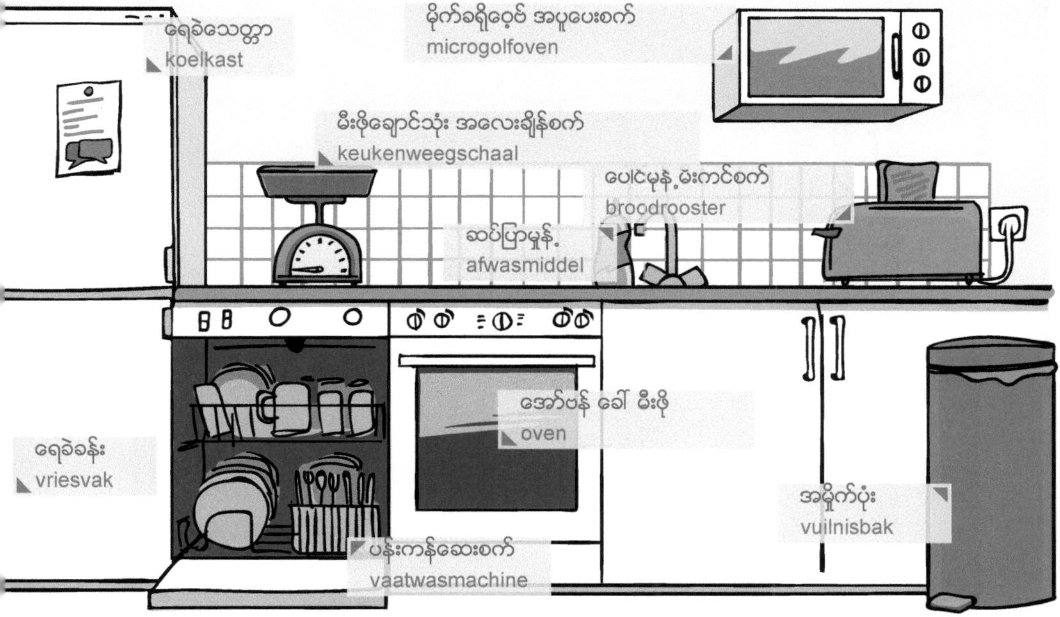

ရေခဲသေတ္တာ
koelkast

မိုက်ခရိုဝေ့ဗ် အပူပေးစက်
microgolfoven

မီးဖိုချောင်သုံး အလေးချိန်စက်
keukenweegschaal

ပေါင်မုန့် မီးကင်စက်
broodrooster

ဆပ်ပြာမှုန့်
afwasmiddel

ရေခဲခန်း
vriesvak

အော်ဗန် ခေါ် မီးဖို
oven

အမှိုက်ပုံး
vuilnisbak

ပန်းကန်ဆေးစက်
vaatwasmachine

လျှပ်စစ် ချက်ပြုတ်အိုး
fornuis

အိုး
pot

သံအိုးကြီး
gietijzeren pot

မွှေကြော်သည့် ဒယ်အိုးကြီး /
ကာဒိုင်း
wok / kadai

ဒယ်အိုး
pan

ရေနွေးတည်သည့်အိုး
waterkoker

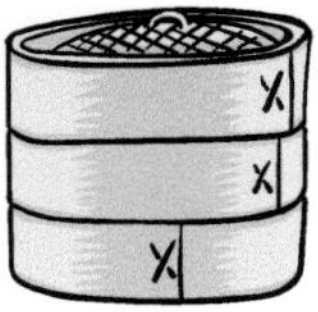

ပေါင်းစက်

stoomkoker

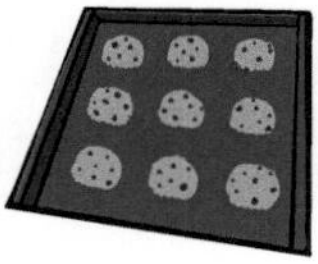

မုန့်ဖုတ်သည့် ဗန်း

bakplaat

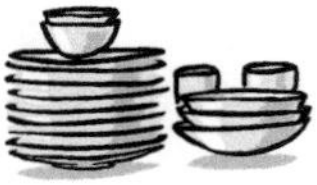

ကြွေပန်းကန်ပြား ခွက်ယောက်

servies

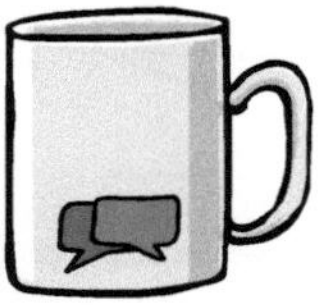

မတ်ခွက်

mok

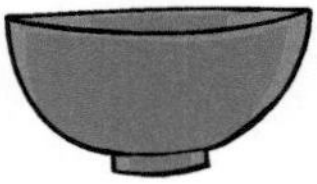

ဇလုံပန်းကန်

kom

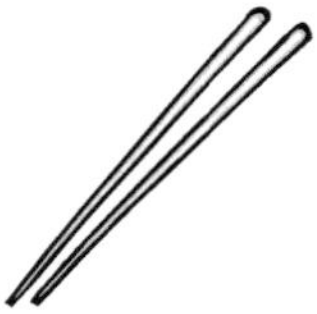

အစာစားသည့်တူများ

eetstokjes

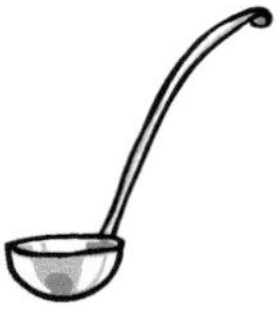

ယောက်ချို

pollepel

မွှေသည့်အတံ

spatel

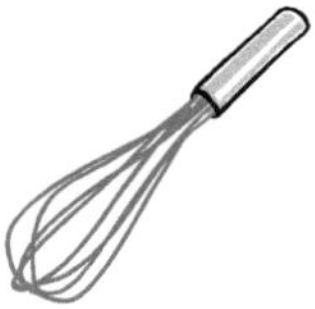

ခေါက်တံ

garde

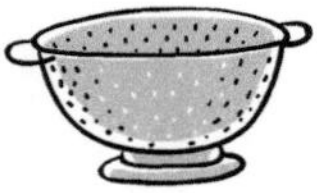

စစ်သည့် အရာ

vergiet

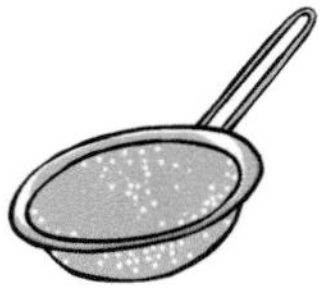

စကာ

zeef

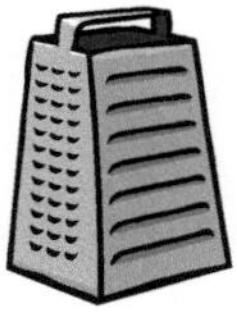

ခြစ်သည့်ကိရိယာ

rasp

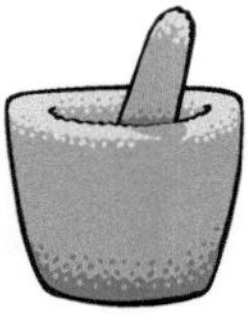

ငြုပ်ဆုံ

mortier

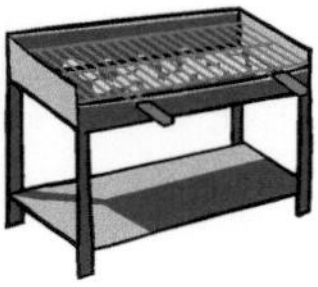

ဘာဘီကျူးကင်

barbecue

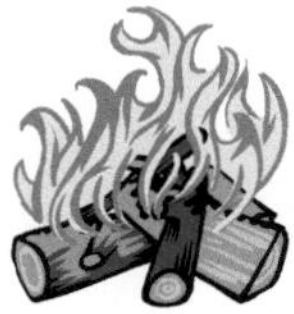

ထင်းမီးဖို

haardvuur

စင်းနီးတုံး

snijplank

လည်နေသောပင်

deegrol

ဖော့ဆို့

kurkentrekker

သံဗူး

blik

သံဗူးဖောက်တံ

blikopener

အိုးတင်သည့်အရာ

pannenlap

ရေဆေးသည့် နေရာ

gootsteen

စုပ်တံ

borstel

ရေမြှုပ်

spons

မွှေသည့်စက်

blender

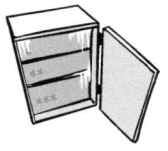

အေးခဲသည့် ရေခဲခန်း

vriezer

ကလေးနို့ဗူး

papfles

ရေပိုက်ခေါင်း

kraan

ရေချိုးခန်း

badkamer

ရေပန်း
douche

အပူပေးခြင်း
verwarming

မျက်နှာသုတ်ပုဝါ
handdoek

ရေချိုးခန်းကန့်လန့်ကာ
douchegordijn

ရေစိမ်ချိုးရန် ရေမြှုပ်ဆပ်ပြာရည်
bubbelbad

ရေနွေးမချိုးသည့်ကန်
badkuip

ရေသောက်ဖန်ခွက်
glas

အဝတ်လျှော်စက်
wasmachine

ကျောက်ပြားများ
tegels

ရေပိုက်ခေါင်း
kraan

အပေါ့အလေး စွန့်သည့်အိုး
kinderpo

ရေဆေးသည့် နေရာ
gootsteen

အိမ်သာ
toilet

ဆောင့်ကြောင့်ထိုင်ရသည့် အိမ်သာ
hurktoilet

အမျိုးသမီးသုံး အောက်ပိုင်းဆေးသည့် ကမုတ်
bidet

အမျိုးသား ဆီးသွားသည့်ကမုတ်
urinoir

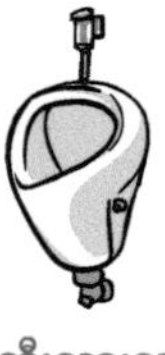

အိမ်သာသုံး စက္ကူ
toiletpapier

အိမ်သာတိုက် ဘရပ်ရှ်
toiletborstel

သွားတိုက်တံ

tandenborstel

သွားတိုက်ဆေး

tandpasta

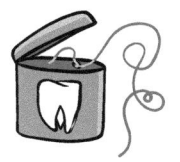

သွား ချေးထုတ်သည့် ကြိုး

flosdraad

ဆေးကြောသည်

wassen

လက်ကိုင် ရေပန်း

handdouche

ရေပန်းဖြင့်ရေချိုးခြင်း

bidethanddouche

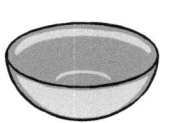

ရေအင်တုံ

waskom

နောက်ကျော ချေးတွန်းသည့်
ဘရပ်ရှ်

rugborstel

ဆပ်ပြာ

zeep

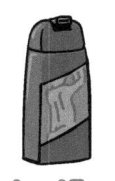

ရေချိုးဆပ်ပြာရည်

douchegel

ခေါင်းလျှော်ရည်

shampoo

ဖလန်နယ်စ

washandje

ရေထွက်ပေါက်

afvoer

ခရင်မ်

crème

ဒီအော်ဒရန့် ခေါ်
ကိုယ်လိမ်အမွေးနံ့သာ

deodorant

မှန်
....
spiegel

လက်ကိုင်မှန်
....
handspiegel

မုတ်ဆိတ်ရိတ်တံ
....
scheermes

မုတ်ဆိတ်ရိတ်ရန် အမြှုပ်
....
scheerschuim

မုတ်ဆိတ်ရိတ်ပြီး
လိမ်းသည့်အမွှေးနံ့သာ
....
aftershave

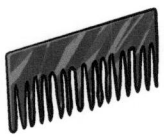

ခေါင်းဘီး
....
kam

ဘရပ်ရှ်
....
borstel

ဆံပင်ခြောက်စက်
....
haardroger

ဆံပင်ဖြန်းဆေး
....
haarlak

မိတ်ကပ်
....
make-up

နှုတ်ခမ်းဆိုးဆေး
....
lippenstift

လက်သည်းဆိုးဆေး
....
nagellak

ဝွမ်းလုံး
....
watten

လက်သည်းညှပ် ကပ်ကြေး
....
nagelknipper

ရေမွှေး
....
parfum

ရေချိုးခန်းသုံး အိတ်
....
toilettas

ခွေးခြေ
....
kruk

ကိုယ်အလေးချိန်တိုင်းသည့်စက်
....
weegschaal

ရေချိုးပြီး ဝတ်သည့်ဝတ်ရုံ
....
badjas

ရာဘာ လက်အိတ်များ
....
latex handschoenen

တန်ပွန် ခေါ် ဓမ္မတာလာစဉ် မိန်း
မကိုယ်တွင်းထည့်သည့်အရာ
....
tampon

အမျိုးသမီး လစဉ်သုံးပုဝါစ
....
maandverband

ဓာတုပစ္စည်းထည့်သုံးသည့်
အိမ်သာ
....
chemisch toilet

ကလေး အခန်း

kinderkamer

နှိုးစက်
wekker
ဖက်အိပ်သည့်အရုပ်
knuffel
အရုပ်ကား
speelgoedauto
ခလောက်
rammelaar
အရုပ်မအိမ်
poppenhuis
လက်ဆောင်
geschenk

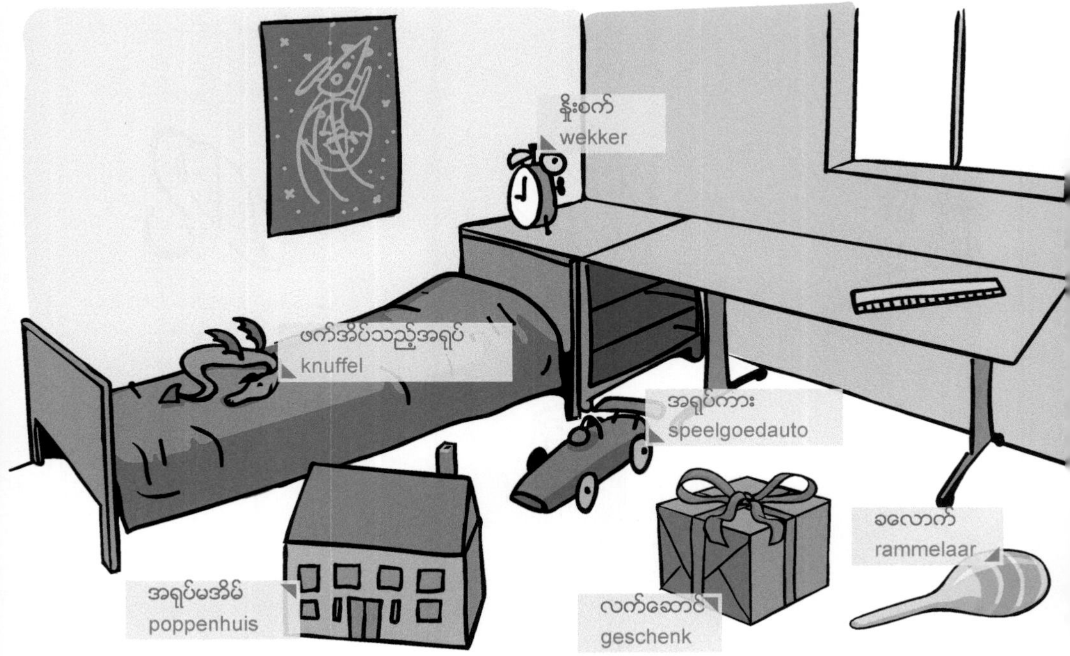

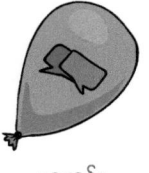

ပူဖောင်း

ballon

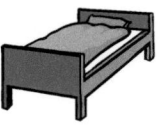

အိပ်ယာ

bed

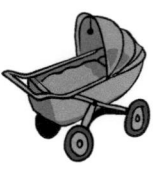

ကလေးတွန်းလှည်း

kinderwagen

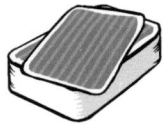

ကစားသည့်ကတ်ထုပ်

spel kaarten

ဂျစ်ဆော ခေါ် ဆက်၍ကစားသည့် အပိုင်းအစများ

puzzel

SUPER MEGA

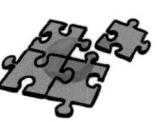

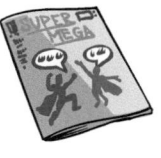

ရုပ်ပြစာအုပ်

stripboek

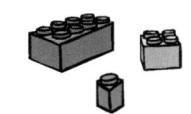

ဆောက်ရွှေ့ကစားသည့် လေဂို
အတုံးများ
legoblokjes

ဆောက်ရွှေ့ကစားသည့်
အတုံးများ
blokken

လှုပ်ရှားလုပ်ကိုင်သူ
actiefiguur

ဘောဘီဂရိုး
kruippakje

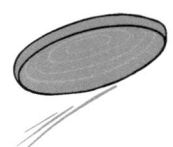

ဖရစ်ဘီး ခေါ် ပစ်၍ ကစားသည့်
အပြား
frisbee

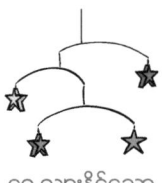

ရွှေ့လျားနိုင်သော
mobiel

ဘုတ်ပြားပေါ်တွင် ကစားနည်း
bordspel

အံစာတုံး
dobbelsteen

ကစားစရာ ရထား အစုံမော်ဒယ်
modelspoorweg

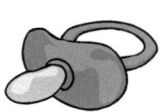

အရုပ်
fopspeen

ပါတီ
feest

ရုပ်ပြစာအုပ်
prentenboek

ဘောလုံး
bal

အရုပ်မ
pop

ကစားသည်
spelen

ကစားသည့် သဲပုံး

zandbak

ဒန်း

schommel

အရုပ်များ

speelgoed

ဗွီဒီယိုဂိမ်းကစားသည့် စက်

spelconsole

သုံးဘီး စက်ဘီး

driewieler

တက်ဒီ ဝက်ဝံရုပ်

knuffelbeer

အဝတ်ဗီရို

kleerkast

အဝတ်အစား

kleding

ခြေအိတ်များ

sokken

အမျိုးသမီးဝတ် ခြေအိတ်ရှည်

kousen

အမျိုးသမီး ခြေအိတ်အကြပ်

maillot

ပုဝါ
sjaal

ထီး
paraplu

တီရှပ်
T-shirt

ခါးပတ်
riem

ဘွတ်ဖိနပ်များ
laarzen

ခြေညှပ်ဖိနပ်များ
slippers

အားကစားဖိနပ်များ
sneakers

ခြေစွပ် နောက်ပိတ်ဖိနပ်
sandalen

ရှူးဖိနပ်များ
schoenen

ရာဘာ ဘွတ်ဖိနပ်များ
rubberlaarzen

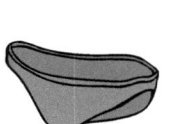

အောက်ခံ အဝတ်များ
onderbroek

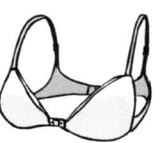

ဘရာဇီယာ
beha

အပေါ်ထပ် လက်ပြတ်အကျီ
onderhemd

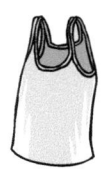

ကိုယ်ခန္ဓာ

lichaam

ဘောင်းဘီရှည်

broek

ဂျင်းဘောင်းဘီ

jeans

စကပ်

rok

ဘလောက်စ်အက်ျီ

blouse

ရှပ်အက်ျီ

hemd

ခေါင်းစွပ်အက်ျီ

trui

ခေါင်းစွပ်ပါ အက်ျီ

capuchontrui

ဘလေဇာကုတ်အက်ျီ

blazer

ဂျက်ကတ်အက်ျီ

jas

ကုတ်အက်ျီ

jas

မိုးကာ ကုတ်အက်ျီ

regenjas

ဝတ်စုံ

kostuum

ဂါဝန်

jurk

လက်ထပ် ဝတ်စုံ

trouwjurk

အနောက်တိုင်းဝတ်စုံပြည့်

pak

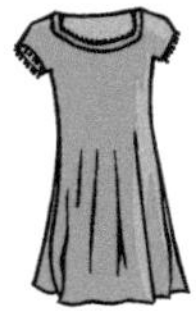

ညအိပ်အင်္ကျီ

nachthemd

ညအိပ်ဝတ်စုံ

pyjama

ဆာရီ

sari

ခေါင်းအုပ်ပုဝါ

hoofddoek

တာဘန် ခေါ် ခေါင်းပေါင်း

tulband

ဘာကာခေါ်
အမျိုးသမီးခေါင်းအုပ်

boerka

ကာ့ဖ်တန် ခေါ်
အမျိုးသားဝတ်ဘောင်းဘီ

kaftan

အဘာယာ ခေါ် မွတ်ဆလင်
အမျိုးသမီးဝတ်အင်္ကျီ

abaya

ရေကူးဝတ်စုံ

badpak

အဝတ်သေတ္တာ

zwembroek

ဘောင်းဘီတို

short

အားကစားဝတ်စုံ

trainingspak

ခါးစည်း အဝတ်

schort

လက်အိတ်များ

handschoenen

ကြယ်သီး

knoop

မျက်မှန်

bril

လက်ကောက်

armband

လည်ဆွဲ

ketting

လက်စွပ်

ring

နားကပ်

oorbel

ခေါင်းဆောင်း ဦးထုပ်

pet

ကုတ်အင်္ကျီ ချိတ်

kapstok

ဦးထုပ်

hoed

နက်တိုင်

das

ဇစ်

rits

ဟဲလ်မက်ခေါ် ခေါင်းဆောင်း

helm

သွားထိန်းများ

bretellen

ကျောင်းဝတ်စုံ

schooluniform

ယူနီဖောင်းဝတ်စုံ

uniform

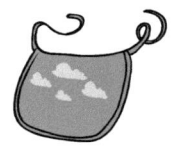

သွားရည်ခံ

slabbetje

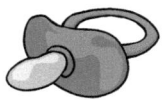

အရုပ်

fopspeen

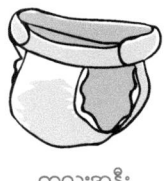

ကလေးအနှီး

luier

ရုံးခန်း

kantoor

ဆာဗာ
server
ဖိုင်ထည့်သည့် ဗီရို
dossierkast
စာရွက်
papier
ပရင်တာ
printer
မော်နီတာ
monitor
စာရေးစားပွဲခုံ
bureau
မောက်စ်
muis
စာရွက်ထည့်သည့် ခေါက်ဖိုင်
map
ကီးဘုတ်
toestenbord
အမှိုက်စက္ကူပုံး
papiermand
ကွန်ပြူတာ
computer
ထိုင်ခုံ
stoel

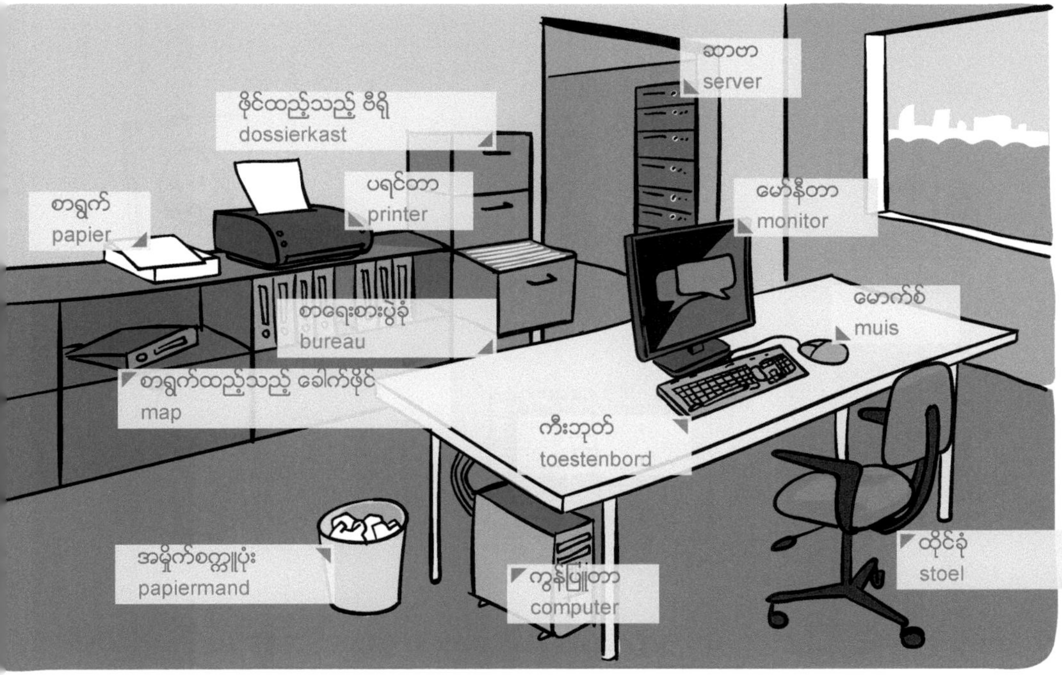

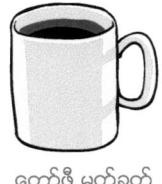

ကော်ဖီ မတ်ခွက်

koffiemok

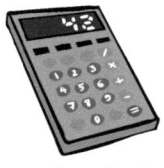

ဂဏန်းတွက်စက်

rekenmachine

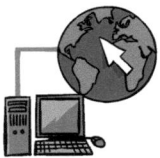

အင်တာနက်

internet

ပေါင်ပေါ်တင်ရှိက်နိုင်သည့်
ကွန်ပျူတာ

laptop

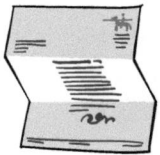

စာ

brief

မက်ဆေ့ချ်

bericht

မိုဘိုင်းဖုန်း

gsm

ကွန်ရက်

netwerk

မိတ္တူကူးစက်

kopieerapparaat

ဆော့ဖ်ဝဲရ်

software

တယ်လီဖုန်း

telefoon

ပလပ်ပေါက်

stopcontact

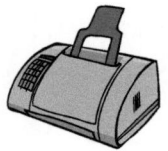

ဖက်စ်ပို့သည့်စက်

fax

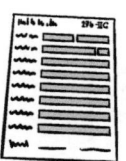

ပုံစံ

formulier

စာရွက်စာတမ်း

document

ဝယ်ယူသည်

kopen

ပေးအပ်သည်

betalen

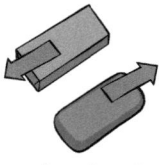

ကုန်သွယ်သည်

handelen

ပိုက်ဆံ

geld

ဒေါ်လာ

dollar

ယူရိုငွေ

euro

ယန်းငွေ

yen

ရူဘယ်ငွေ

roebel

ဆွစ်ဇာလန်နိုင်ငံသုံးငွေ

Zwitserse frank

ရမ်မင်ဘီ ယွမ်

Chinese renminbi

ရူပီး

roepie

ငွေချေသည့်နေရာ

geldautomaat

ငွေလဲဌာန

wisselkantoor

ရွှေ

goud

ငွေ

zilver

ဆီ

olie

စွမ်းအင်

energie

ဈေးနှုန်း

prijs

စာချုပ်

contract

အခွန်

belasting

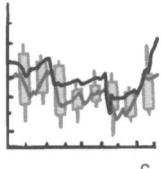

စတော့ဈေးကွက်

aandeel

အလုပ်လုပ်သည်

werken

ဝန်ထမ်း

werknemer

အလုပ်ရှင်

werkgever

စက်ရုံ

fabriek

ဆိုင်

winkel

အလုပ်အကိုင်များ
beroepen

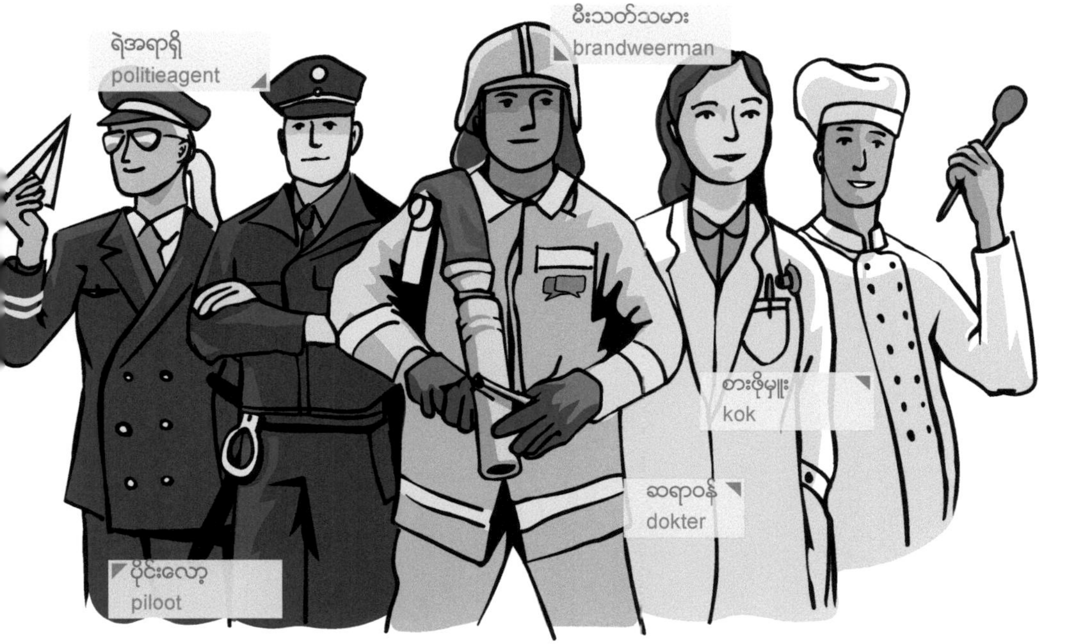

ရဲအရာရှိ
politieagent
မီးသတ်သမား
brandweerman
စားဖိုမှူး
kok
ဆရာဝန်
dokter
ပိုင်းလော့
piloot

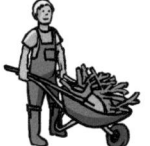

မာလီ

tuinman

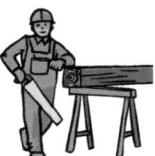

လက်သမား

timmerman

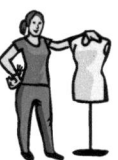

စက်ချုပ်သူ

naaister

တရားသူကြီး

rechter

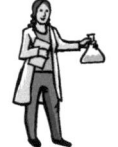

ဓာတုဗေဒပညာရှင်

chemicus

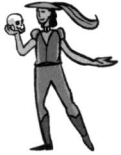

သရုပ်ဆောင်

acteur

ဘတ်စ်ကားမောင်းသမား

buschauffeur

တက်စီမောင်းသူ

taxichauffeur

ငါးဖမ်းသမား

visser

သန့်ရှင်းရေး အလုပ်သမ

schoonmaakster

အမိုးပြင်သူ

dakdekker

စားပွဲထိုး

ober

အမဲလိုက်မုဆိုး

jager

ဆေးသုတ်သမား သို့ မဟုတ်
ပန်းချီဆရာ

schilder

မုန့် ဖုတ်သမား

bakker

လျှပ်စစ်ပညာရှင်

elektricien

ဆောက်လုပ်ရေးသမား

bouwvakker

အင်ဂျင်နီယာ

ingenieur

သားသတ်သမား

slager

ပိုက်ဆက်ဆရာ

loodgieter

စာပို့သမား

postbode

စစ်သား

soldaat

ဗိသုကာပညာရှင်

architect

ငွေကိုင်

kassier

ပန်းပညာရှင်

bloemist

ဆံပင်အလှပြင်သူ

kapper

လက်မှတ်စစ်

conducteur

စက်ပြင်ဆရာ

mecanicien

ကပ္ပတိန်

kapitein

သွားဘက်ဆိုင်ရာ ဆရာဝန်

tandarts

သိပ္ပံပညာရှင်

wetenschapper

ရာဘိုင်

rabbijn

မွတ်ဆလင် တရားဟောဆရာ

imam

ဘုန်းကြီး

monnik

တရားဟောဆရာ

geestelijke

ကိရိယာ တန်ဆာပလာများ

werktuigen

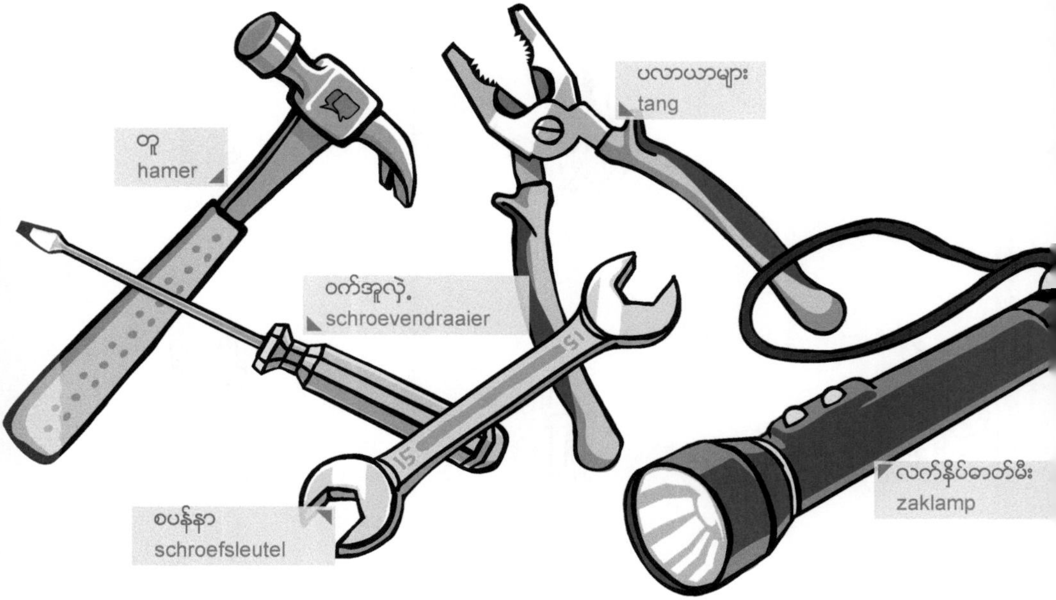

တူ
hamer
ပလာယာများ
tang
ဝက်အူလှဲ့
schroevendraaier
စပန်နာ
schroefsleutel
လက်နှိပ်ဓာတ်မီး
zaklamp

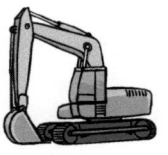

မြေတူးစက်

graafmachine

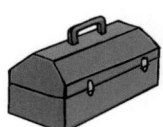

လက်သမားသုံးကိရိယာ သေတ္တာ

gereedschapskoffer

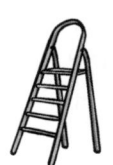

လှေကား

ladder

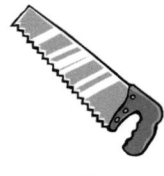

လွှ

zaag

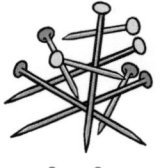

လက်သည်းများ

spijkers

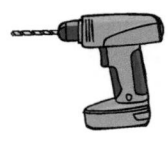

အပေါက်ဖောက်စက်

boormachine

ပြင်ဆင်သည်

repareren

ဂေါ်ပြား

schop

ရှီးတဲ့မှပဲ

Verdomme!

ဖုန်ကျုံးသည့် ဂေါ်ပြား

blik

ဆေးရောင်အိုး

verfpot

ဝက်အူများ

schroeven

ဂီတတူရိယာများ

muziekinstrumenten

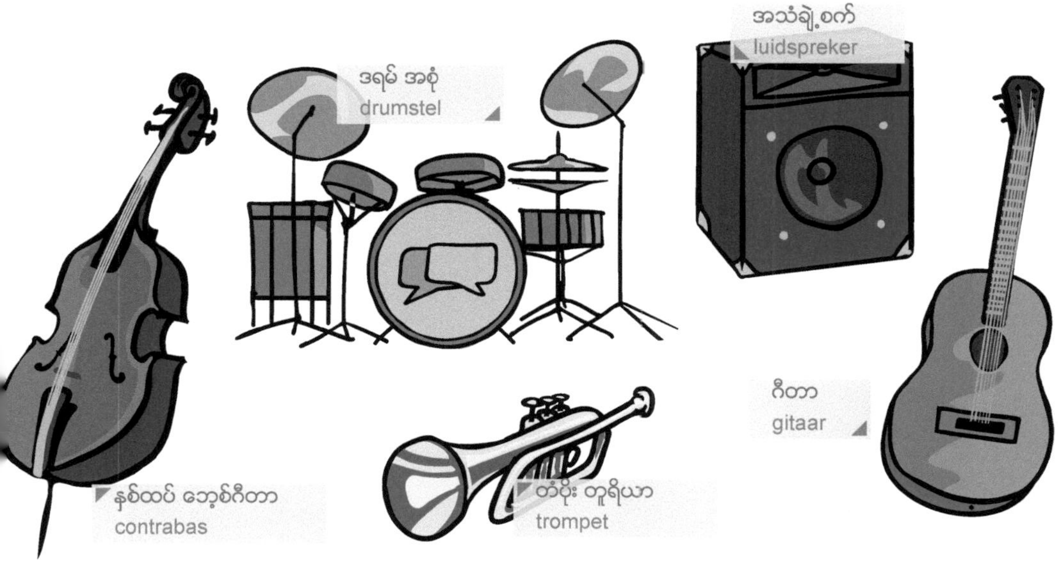

အသံချဲ့စက်
luidspreker

ဒရမ် အစုံ
drumstel

ဂီတာ
gitaar

နှစ်ထပ် ဘော့စ်ဂီတာ
contrabas

တံပိုး တူရိယာ
trompet

စန္ဒယား

piano

တယော

viool

ဘေ့စ်ဂီတာ

basgitaar

နားစည်အမြှေးပါး

pauk

ဒရမ်များ

trommels

ကီးဘုတ် တူရိယာ

keyboard

ဆက်ဆိုဖုန်း ခေါ်
လေမှုတ်တူရိယာ

saxofoon

ပုလွေ

fluit

စကားပြောစက်

microfoon

ကျား
tijger

ဝင်ပေါက်
ingang

လှောင်အိမ်
kooi

မြင်းကျား
zebra

တိရိစ္ဆာန် အစားအစာ
diereneten

ပင်ဒါ ဝက်ဝံ
panda

တိရိစ္ဆာန်များ

dieren

ဆင်

olifant

သားပိုက်ကောင်

kangoeroe

ကြံ့

neushoorn

ဂေါ်ရီလာမျောက်

gorilla

ဝက်ဝံ

beer

ကုလားအုတ်

kameel

ငှက်ကုလားအုတ်

struisvogel

ခြင်္သေ့

leeuw

မျောက်

aap

ဖလန်မင်းဂိုးငှက်

flamingo

ကြက်တူရွေး

papegaai

ပိုလာဝက်ဝံ

ijsbeer

ပင်ဂွင်းငှက်

pinguïn

ငါးမန်း

haai

ဥဒေါင်းငှက်

pauw

မြွေ

slang

မိကျောင်း

krokodil

တိရိစ္ဆာန်ရုံ ထိန်းသိမ်းသူ

dierenverzorger

ဖျံ

zeehond

ကျားသစ်

jaguar

ပိုနီမြင်း
pony

ကျားသစ်
luipaard

ရေမြင်း
nijlpaard

သစ်ကုလားအုတ်
giraffe

သိန်းငှက်
adelaar

တောဝက်
wild zwijn

ငါး
vis

လိပ်
zeeschildpad

ပင်လယ်ဖျံကြီး
walrus

မြေခွေး
vos

ဦးချိုပါ သမင်ညို့တစ်မျိုး
gazelle

အမေရိကန် ဖွတ်ဘော
rugby

စက်ဘီးစီးခြင်း
wielrennen

တင်းနစ်ရိုက်ခြင်း
tennis

ဘတ်စကက်ဘော
basketbal

ရေကူးခြင်း
zwemmen

လက်ဝှေ့
boksen

ရေခဲပြင် ဟော်ကီ
ijshockey

ဘောလုံးကန်ခြင်း
voetbal

ကြက်တောင်ရိုက်ခြင်း
badminton

ကိုယ်လက်လှုပ်ရှား
အားကစားများ
atletiek

ဟန်းဒ်ဘော ခေါ် လက်ပစ်ဘော
handbal

နှင်းလျှောစီးခြင်း
skiën

ပိုလို
polo

လှုပ်ရှားမှုများ
activiteiten

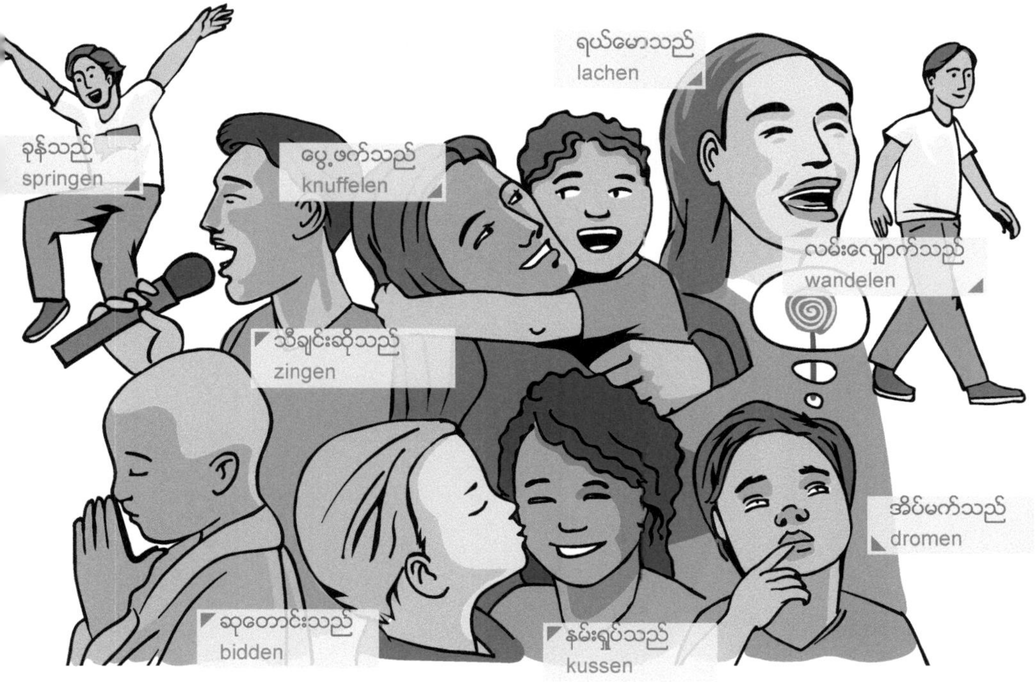
ရယ်မောသည်
lachen
ခုန်သည်
springen
ပွေ့ဖက်သည်
knuffelen
လမ်းလျှောက်သည်
wandelen
သီချင်းဆိုသည်
zingen
အိပ်မက်သည်
dromen
ဆုတောင်းသည်
bidden
နမ်းရှုပ်သည်
kussen

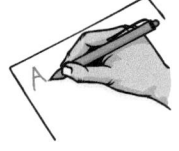

စာရေးသည်
schrijven

ရေးဆွဲသည်
tekenen

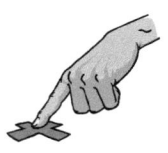

ပြသသည်
tonen

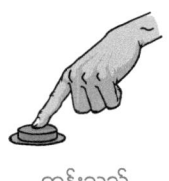

တွန်းသည်
duwen

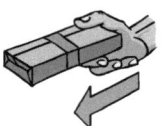

ပေးသည်
geven

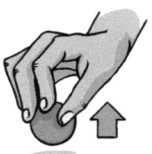

ယူသည်
nemen

ရှိသည်

hebben

ပြုလုပ်သည်

doen

ဖြစ်သည်

zijn

မတ်တပ်ရပ်သည်

staan

ပြေးသည်

lopen

ဆွဲသည်

trekken

ပစ်သည်

gooien

လဲကျသည်

vallen

လိမ်လည်သည်

liggen

စောင့်ဆိုင်းသည်

wachten

သယ်ဆောင်သည်

dragen

ထိုင်သည်

zitten

အဝတ်အစားဝတ်သည်

aankleden

အိပ်သည်

slapen

အိပ်ယာမှ ထသည်

ontwaken

တစ်ခုခုကို ကြည့်ရှုသည်

kijken naar

ငိုသည်

wenen

ပွတ်သပ်သည်

aaien

ဘီးဖီးသည်

kammen

စကားပြောသည်

praten

နားလည်သည်

begrijpen

မေးသည်

vragen

နားထောင်သည်

luisteren

သောက်သည်

drinken

စားသည်

eten

သပ်ရပ်အောင်လုပ်သည်

opruimen

ချစ်သည်

houden van

ချက်ပြုတ်သည်

koken

မောင်းသည်

rijden

ပျံသန်းသည်

vliegen

ရွက်လွှင့်သည်
zeilen

တွက်ပါ
rekenen

ဖတ်သည်
Lezen

သင်ယူသည်
leren

အလုပ်လုပ်သည်
werken

လက်ထပ်သည်
trouwen

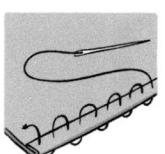

အပ်ချုပ်သည်
naaien

သွားတိုက်သည်
tandenpoetsen

သတ်သည်
doden

ဆေးလိပ်သောက်သည်
roken

ပို့သည်
sturen

လှုပ်ရှားမှုများ - activiteiten

မိသားစု
familie

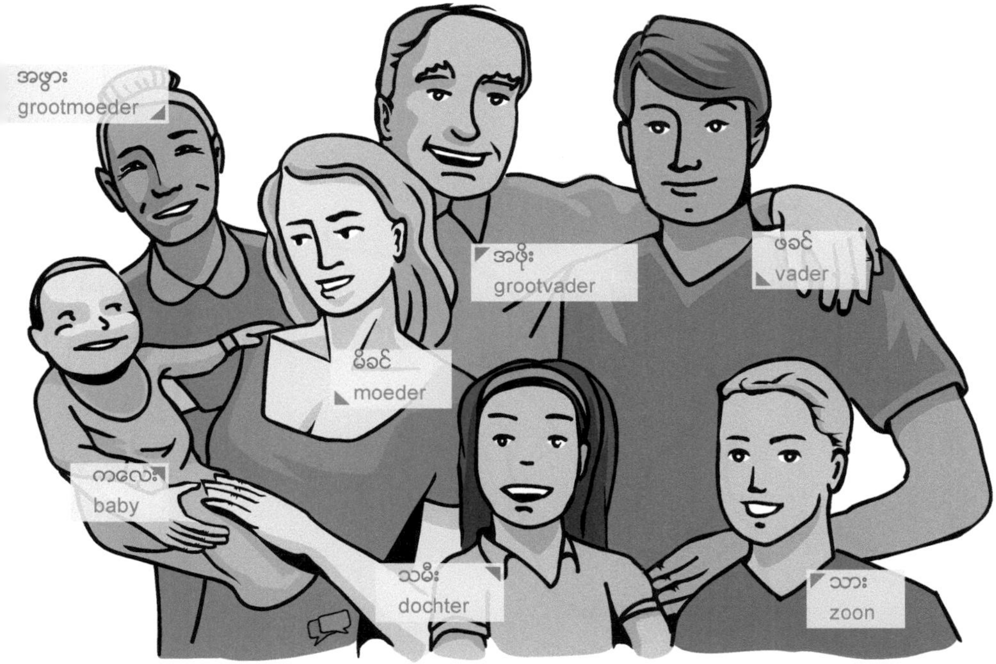

အဖွား
grootmoeder
အဖိုး
grootvader
ဖခင်
vader
မိခင်
moeder
ကလေး
baby
သမီး
dochter
သား
zoon

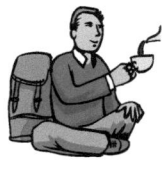

ဧည့်သည်

gast

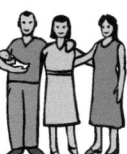

အဒေါ်

tante

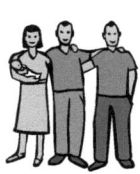

ဦးလေး

oom

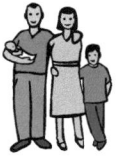

အစ်ကို

broer

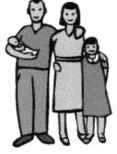

အစ်မ

zus

ကိုယ်ခန္ဓာ

lichaam

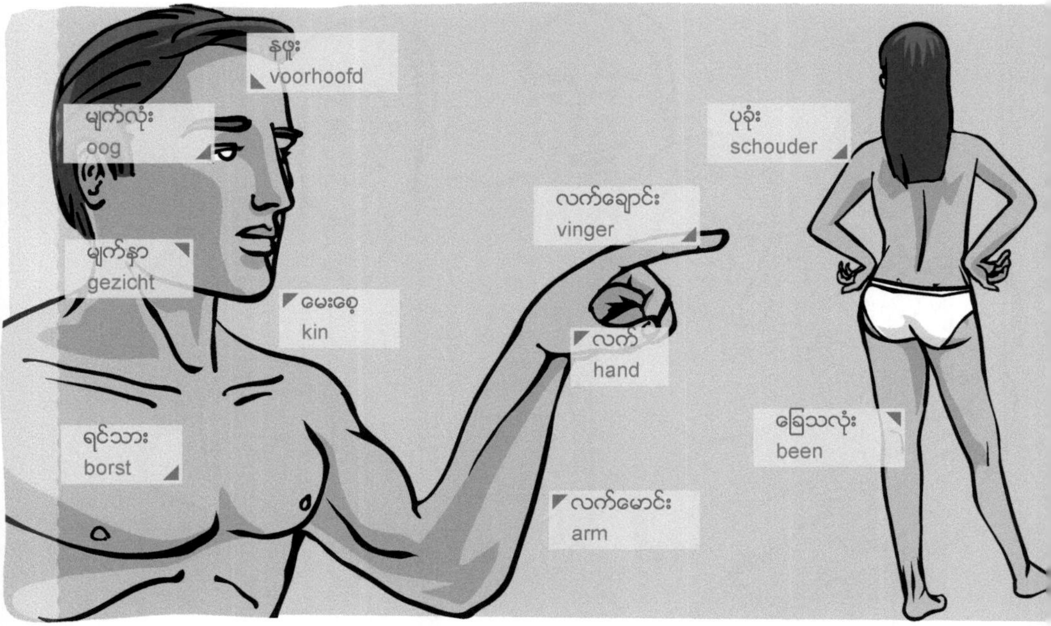

နဖူး
voorhoofd

မျက်လုံး
oog

ပုခုံး
schouder

မျက်နာ
gezicht

လက်ချောင်း
vinger

မေးစေ့
kin

လက်
hand

ရင်သား
borst

ခြေသလုံး
been

လက်မောင်း
arm

ကလေး

baby

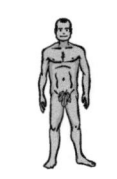

ယောက်ျားကြီး

man

အမျိုးသမီးကြီး

vrouw

မိန်းကလေး

meisje

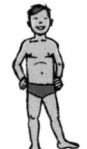

ယောက်ျားလေး

jongen

ဦးခေါင်း

hoofd

နောက်ကျော

rug

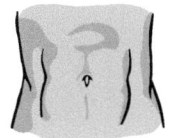

ဗိုက်

buik

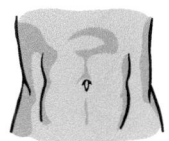

ချက်

navel

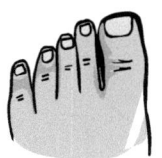

ခြေချောင်း

teen

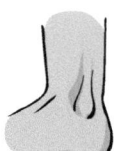

ဖနောင့်

hiel

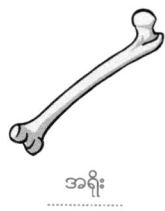

အရိုး

bot

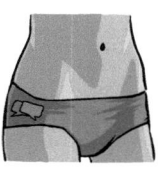

တင်ရိုး

heup

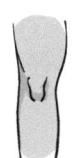

ဒူးခေါင်း

knie

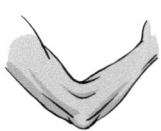

တံတောင်ဆစ်

elleboog

နှာခေါင်း

neus

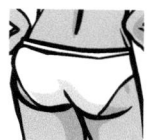

တင်ပါး

zitvlak

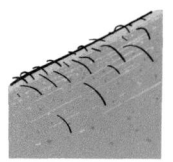

အရေပြား

huid

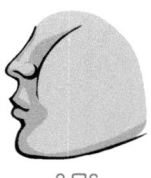

ပါးပြင်

wang

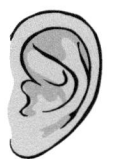

နား

oor

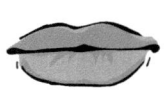

နှုတ်ခမ်း

lip

ကိုယ်ခန္ဓာ - lichaam

ပါးစပ်

mond

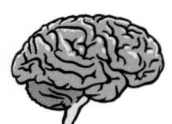

သွား

tand

လျှာ

tong

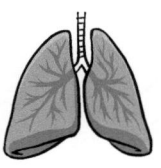

ဦးနှောက်

hersenen

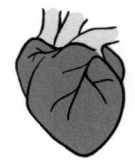

နှလုံး

hart

ကြွက်သား

spier

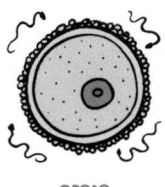

အဆုတ်

long

အသည်း

lever

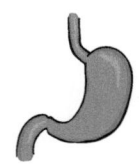

အစာအိမ်

maag

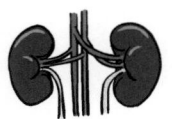

ကျောက်ကပ်များ

nieren

လိင်

seks

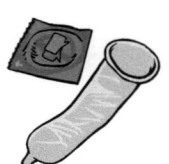

ကွန်ဒုံး

condoom

သားဉ

eicel

သုတ်ရည်

sperma

ကိုယ်ဝန်

zwangerschap

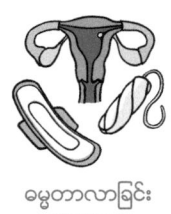

ဓမ္မတာလာခြင်း

menstruatie

မိန်းမကိုယ်

vagina

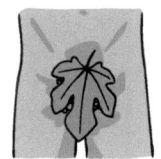

လိင်တံ

penis

မျက်ခုံး

wenkbrauw

ဆံပင်

haar

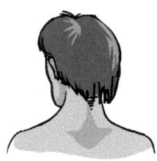

လည်ပင်း

nek

ဆေးရုံ

ziekenhuis

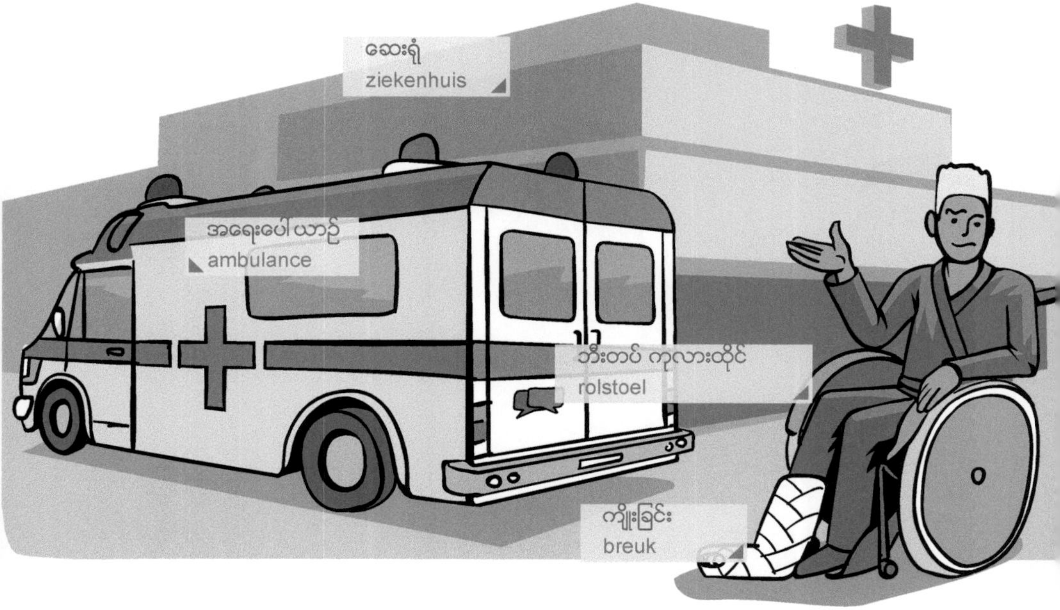

ဆေးရုံ
ziekenhuis
အရေးပေါ်ယာဉ်
ambulance
ဘီးတပ် ကုလားထိုင်
rolstoel
ကျိုးခြင်း
breuk

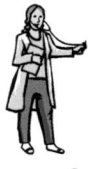

ဆရာဝန်

dokter

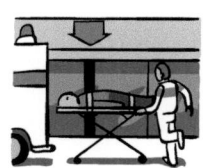

အရေးပေါ် ဆေးကုသခန်း

spoed

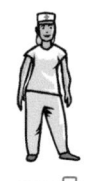

သူနာပြု

verpleegkundige

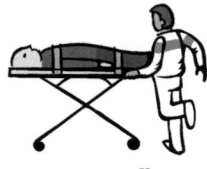

အရေးပေါ်

noodgeval

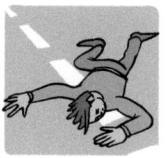

သတိလစ်ခြင်း

bewusteloos

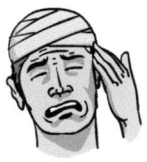

နာခြင်း

pijn

ဒဏ်ရာ

verwonding

သွေးပိုထွက်ခြင်း

bloeding

နှလုံးရပ်ခြင်း

hartaanval

လေဖြတ်ခြင်း

beroerte

ဓာတ်မတည့်ခြင်း

allergie

ချောင်းဆိုးခြင်း

hoest

အဖျား

koorts

တုတ်ကွေးရောဂါ

griep

ဝမ်းပျက်ဝမ်းလျှောခြင်း

diarree

ခေါင်းကိုက်ခြင်း

hoofdpijn

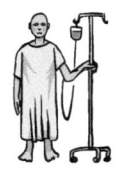

ကင်ဆာရောဂါ

kanker

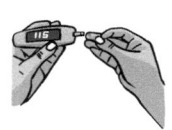

ဆီးချိုရောဂါ

diabetes

ခွဲစိတ်ဆရာဝန်

chirurg

ခွဲစိတ်ခန်းသုံးဓါးပါး

scalpel

ခွဲစိတ်ခြင်း

operatie

စီတီ
....
CT

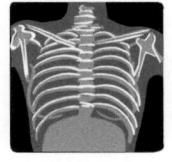

ဓာတ်မှန်
....
röntgenstraal

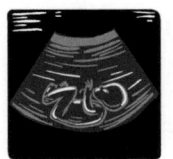

အာထရာဆောင်း
....
ultrageluid

မျက်နှာဖုံး
....
gezichtsmasker

ရောဂါ
....
ziekte

စောင့်ဆိုင်းရန် အခန်း
....
wachtkamer

ချိုင်းထောက်
....
kruk

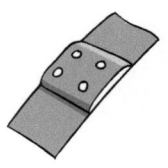

ပလာစတာ
....
pleister

ပတ်တီး
....
verband

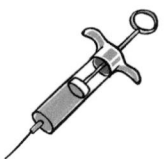

ထိုးဆေး
....
injectie

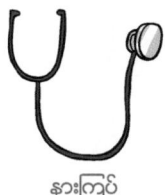

နားကြပ်
....
stethoscoop

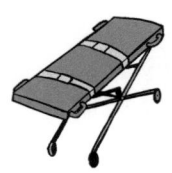

လူနာတင်ထမ်းစင်
....
brancard

ကုသရေးပိုင်းသုံး
အပူချိန်တိုင်းသာမိုမီတာ
....
thermometer

မွေးဖွားခြင်း
....
geboorte

အဝလွန်ခြင်း
....
overgewicht

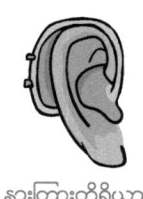

နားကြားကိရိယာ

hoorapparaat

ပိုးသတ်ဆေး

ontsmettingsmiddel

ရောဂါကူးစက်ခြင်း

infectie

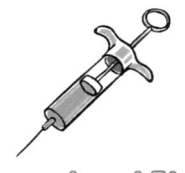

ဗိုင်းရပ်စ်ပိုး

virus

အိတ်ချ်အိုင်ဗွီ /
အေအိုင်ဒီအက်စ်

HIV / AIDS

ဆေးဝါး

medicijn

ကာကွယ်ဆေးထိုးခြင်း

vaccinatie

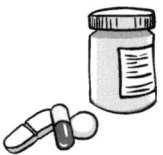

ဆေးလုံးများ

tabletten

ဆေးလုံး

pil

အရေးပေါ် ဖုန်းခေါ်ဆိုမှု

noodoproep

သွေးဖိအား စောင့်ကြည့်သည့်
ကိရိယာ

bloeddrukmeter

နာမကျန်းသော / ကျန်းမာသော

ziek / gezond

ကူညီကြပါ။

Help!

အရေးပေါ် ခေါင်းလောင်း

alarm

ရိုက်နက်သည်

overval

တိုက်ခိုက်သည်

aanval

အန္တရာယ်

gevaar

အရေးပေါ် ထွက်ပေါက်

nooduitgang

မီး။

Brand!

မီးသတ်ပုံး

brandblusser

မတော်တဆဖြစ်ရပ်

ongeval

ကြက်ခြေနီ ဆေးပုံး

EHBO-kit

အက်စ်အိုအက်စ်

SOS

ရဲ

politie

ဥရောပတိုက်

Europa

မြောက်အမေရိကတိုက်

Noord-Amerika

တောင်အမေရိကတိုက်

Zuid-Amerika

အာဖရိကတိုက်

Afrika

အာရှတိုက်

Azië

သြစတြေးလျတိုက်

Australië

အတ္တလန္တိတ် သမုဒ္ဒရာ

Atlantische Oceaan

ပစိဖိတ် သမုဒ္ဒရာ

Stille Oceaan

အိန္ဒိယ သမုဒ္ဒရာ

Indische Oceaan

အန္တာတိတ် သမုဒ္ဒရာ

Antarctische Oceaan

အာတိတ် သမုဒ္ဒရာ

Arctische Oceaan

မြောက်ဝင်ရိုးစွန်း

Noordpool

တောင်ဝင်ရိုးစွန်း

Zuidpool

အန္တာတိကတိုက်

Antarctica

ကမ္ဘာမြေကြီး

aarde

ကုန်းမြေ

land

ပင်လယ်

zee

ကျွန်း

eiland

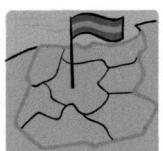

နိုင်ငံကူးလက်မှတ်

natie

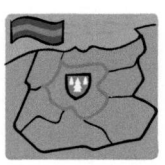

ပြည်နယ်

staat

နာရီမျက်နှာပြင်

wijzerplaat

နာရီလက်တံ

uurwijzer

မိနစ်လက်တံ

minuutwijzer

ဒုတိယလက်တံ

secondewijzer

ဘယ်အချိန်ရှိပြီလဲ။

Hoe laat is het?

ရက်

dag

အချိန်

tijd

ယခု

nu

ဒစ်ဂျစ်တယ် လက်ပတ်နာရီ

digitale horloge

မိနစ်

minuut

နာရီ

uur

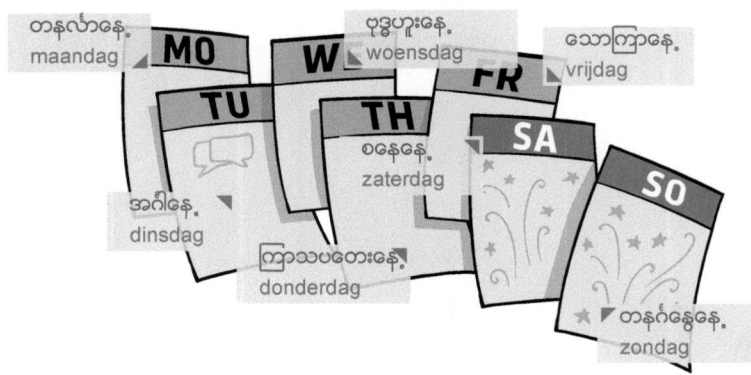

တနင်္လာနေ့ maandag
ဗုဒ္ဓဟူးနေ့ woensdag
သောကြာနေ့ vrijdag
စနေနေ့ zaterdag
အင်္ဂါနေ့ dinsdag
ကြာသပတေးနေ့ donderdag
တနင်္ဂနွေနေ့ zondag

မနေ့က

gisteren

ယနေ့

vandaag

မနက်ဖြန်

morgen

မနက်

ochtend

နေ့လည်

middag

ညနေ

avond

အလုပ်လုပ်ရက်များ

werkdagen

စနေ တနင်္ဂနွေ အားလပ်ရက်

weekend

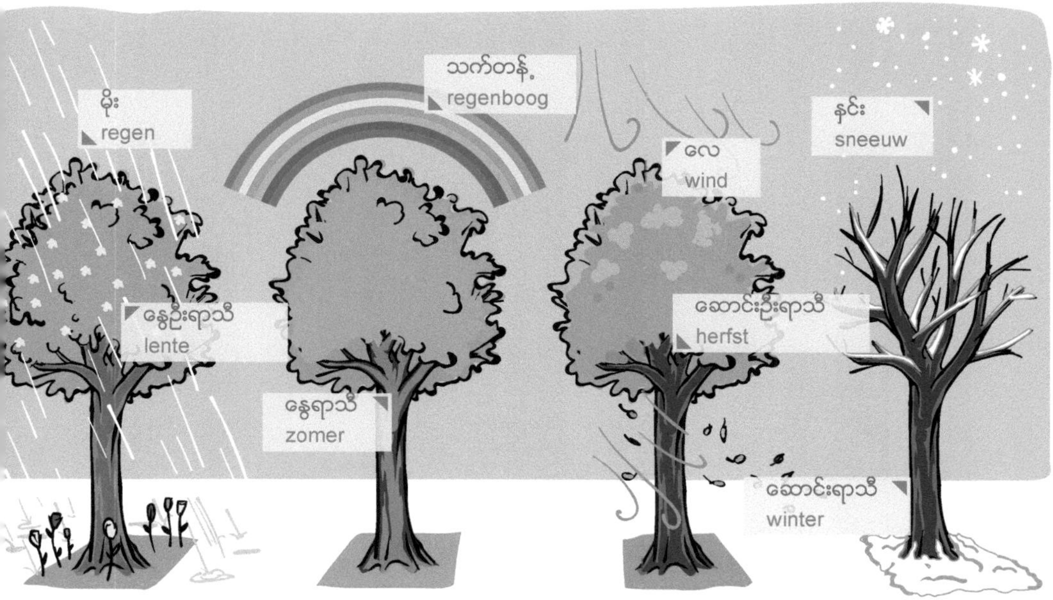

မိုး
regen

သက်တန့်
regenboog

လေ
wind

နှင်း
sneeuw

နွေဦးရာသီ
lente

နွေရာသီ
zomer

ဆောင်းဦးရာသီ
herfst

ဆောင်းရာသီ
winter

4.APRIL	11°	☀
5.APRIL	4°	☁
6.APRIL	13°	☂
7.APRIL	8°	❄
8.APRIL	10°	☀

လေဝသ ကြိုတင်ခန့်မှန်းချက်

weervoorspelling

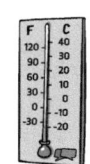

အပူချိန်တိုင်း ကိရိယာ

thermometer

နေရောင်ခြည်

zonneschijn

တိမ်

wolk

မြူ

mist

စိုထိုင်းဆ

vochtigheid

လျှပ်စီးလက်ခြင်း

bliksem

မိုးကြိုး

donder

မုန်တိုင်း

storm

မိုးသီး

hagel

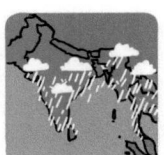

မိုးရာသီ

moesson

ရေကြီးခြင်း

overstroming

ရေခဲ

ijs

ဇန်နဝါရီလ

januari

ဖေဖော်ဝါရီလ

februari

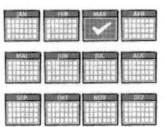

မတ်လ

maart

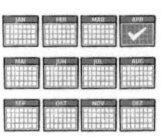

ဧပြီလ

april

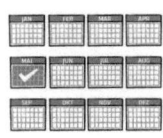

မေလ

mei

ဇွန်လ

juni

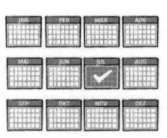

ဇူလိုင်လ

juli

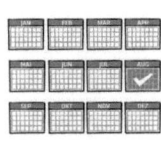

သြဂုတ်လ

augustus

82   နှစ် - jaar

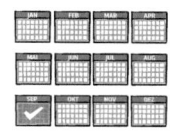

စက်တင်ဘာလ
....
september

အောက်တိုဘာလ
....
oktober

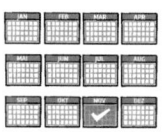

နိုဝင်ဘာလ
....
november

ဒီဇင်ဘာလ
....
december

ပုံစံများ
vormen

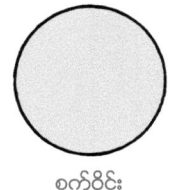

စက်ဝိုင်း
....
cirkel

စတုရန်း
....
kwadraat

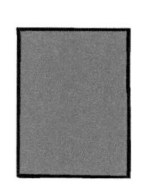

ထောင့်မှန်စတုဂံ
....
rechthoek

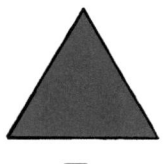

တြိဂံ
....
driehoek

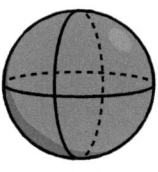

စက်ဝန်း
....
bol

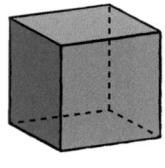

အတုံး
....
kubus

အဖြူရောင်

wit

အဝါရောင်

geel

လိမ္မော်ရောင်

oranje

ပန်းရောင်

roze

အနီရောင်

rood

ခရမ်းရောင်

paars

အပြာရောင်

blauw

အစိမ်းရောင်

groen

အညိုရောင်

bruin

မီးခိုးရောင်

grijs

အနက်ရောင်

zwart

အများအပြား / အနည်းငယ်

veel / weinig

စိတ်ဆိုးသော /
စိတ်တည်ငြိမ်သော

boos / kalm

လှပသော / ရုပ်ဆိုးသော

mooi / lelijk

အစ / အဆုံး

begin / einde

အကြီးသော / အငယ်

groot / klein

တောက်ပသော / မှောင်မဲသော

licht / donker

ညီအစ်ကို / ညီအစ်မ

broer / zus

သန့်ရှင်းသော / ညစ်ပတ်သော

proper / vuil

ပြည့်စုံသော / မပြည့်စုံသော

volledig / onvolledig

နေ့ / ည

dag / nacht

သေသော / ရှင်သော

dood / levend

ကျယ်သော / ကျဉ်းသော

breed / smal

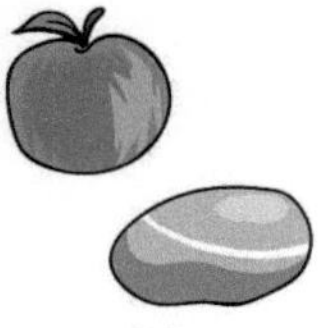

စားသုံးနိုင်သော / မစားသုံးနိုင်သော
eetbaar / oneetbaar

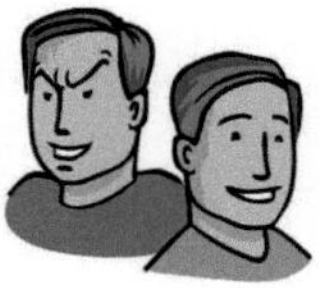

စိတ်ယုတ်သော / ကြင်နာသော
kwaadaardig / vriendelijk

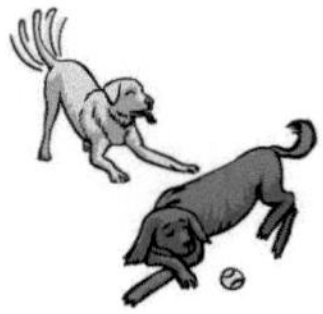

စိတ်လှုပ်ရှားဖွယ် / ပျင်းရိဖွယ်
opgewonden / verveeld

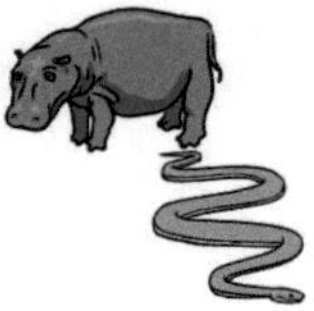

ဝသော / ပိန်သော
dik / dun

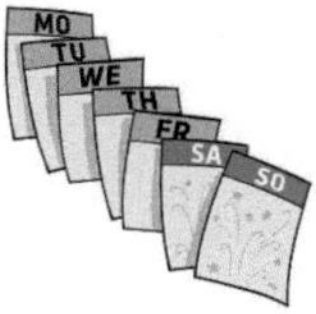

ပထမ / နောက်ဆုံးပိတ်
eerst / laatst

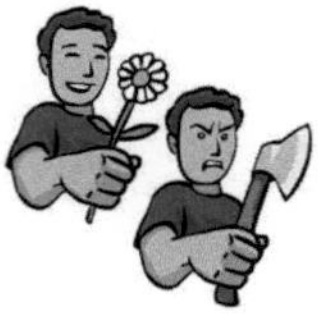

မိတ်ဆွေ / ရန်သူ
vriend / vijand

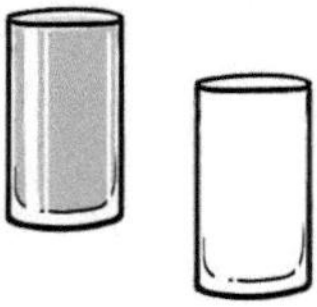

အပြည့် / ဘာမှမရှိ
vol / leeg

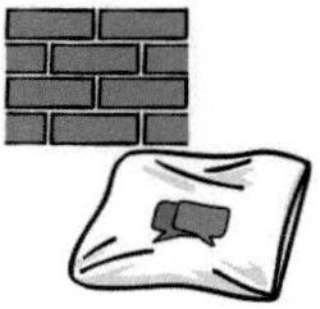

မာသော / ပျော့သော
hard / zacht

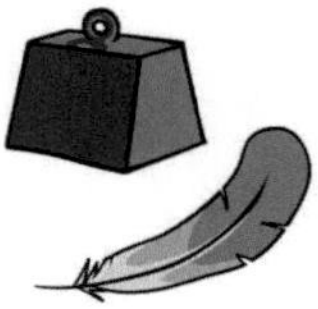

လေးလံသော / ပေါ့ပါးသော
zwaar / licht

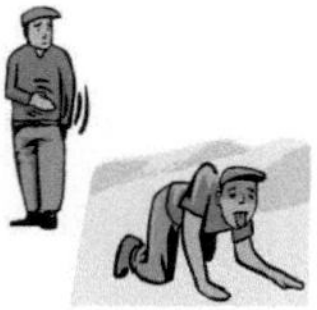

ိဆာလောင်သော / ရေဆာသော
honger / dorst

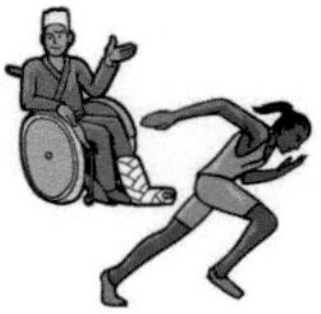

နာမကျန်းသော / ကျန်းမာသော
ziek / gezond

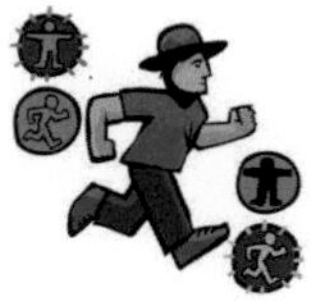

တရားမဝင်သော / တရားဝင်သော
illegaal / legaal

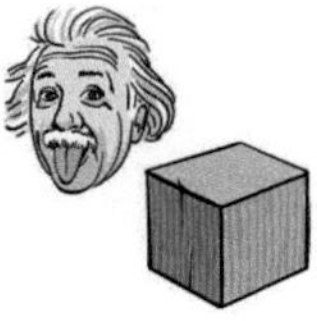

ဉာဏ်ကောင်းသော / ထိုင်းသော
intelligent / dom

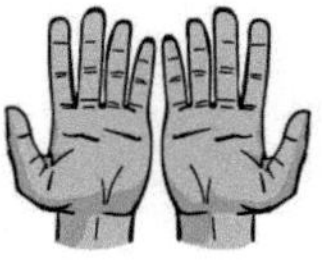

ဘယ် / ညာ
links / rechts

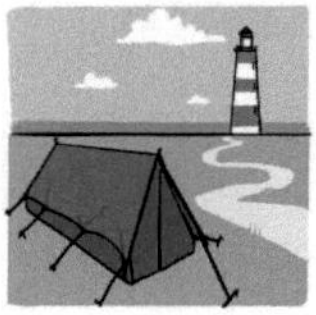

နီးသော / ဝေးသော
dichtbij / veraf

အသစ် / အသုံးပြုပြီးသား

nieuw / gebruikt

ဘာမှမရှိ / တစ်ခုခု

niets / iets

အသက်ကြီးသော /
ငယ်ရွယ်သော
oud / jong

ဖွင့်သော / ပိတ်သော

aan / uit

ဖွင့်သော / ပိတ်သော

open / dicht

တိတ်ဆိတ် / ကျယ်လောင်

stil / luid

ချမ်းသာ / ဆင်းရဲ

rijk / arm

အမှန် / အမှား

juist / fout

ကြမ်းတမ်း / ချောမွေ့

ruw / glad

ဝမ်းနည်း / ဝမ်းသာ

droevig / blij

အတို / အရှည်

kort / lang

အနေး / အမြန်

traag / snel

စွတ်သော / ခြောက်သွေ့သော

nat / droog

နွေးထွေးသော / အေးမြသော

warm / koud

စစ် / ငြိမ်းချမ်းရေး

oorlog / vrede

0

သုည

nul

1

တစ်

één

2

နှစ်

twee

3

သုံး

drie

4

လေး

vier

5

ငါး

vijf

6

ခြောက်

zes

7

ခုနစ်

zeven

8

ရှစ်

acht

9

ကိုး

negen

10

တစ်ဆယ်

tien

11

ဆယ့်တစ်

elf

12
ဆယ့်နှစ်
twaalf

13
ဆယ့်သုံး
dertien

14
ဆယ့်လေး
veertien

15
ဆယ့်ငါး
vijftien

16
ဆယ့်ခြောက်
zestien

17
ဆယ့်ခုနစ်
zeventien

18
ဆယ့်ရှစ်
achtien

19
ဆယ့်ကိုး
negentien

20
နှစ်ဆယ်
twintig

100
ရာ
honderd

1.000
ထောင်
duizend

1.000.000
မီလျံ
miljoen

Talen

အင်္ဂလိပ် ဘာသာစကား

Engels

အမေရိကန် အင်္ဂလိပ်
ဘာသာစကား
Amerikaans Engels

တရုတ် မန်ဒရင်း ဘာသာစကား

Chinees (Mandarijn)

ဟိန္ဒူ ဘာသာစကား

Hindi

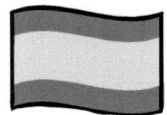

စပိန် ဘာသာစကား

Spaans

ပြင်သစ် ဘာသာစကား

Frans

အာရဗီ ဘာသာစကား

Arabisch

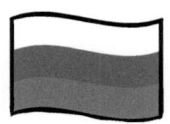

ရုရှ ဘာသာစကား

Russisch

ပေါ်တူဂီ ဘာသာစကား

Portugees

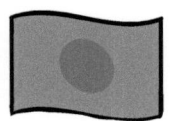

ဘင်္ဂါလီ ဘာသာစကား

Bengali

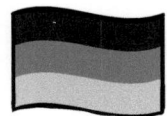

ဂျာမန် ဘာသာစကား

Duits

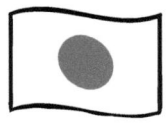

ဂျပန် ဘာသာစကား

Japans

ကျွန်ုပ်

ik

သင်

u

သူ / သူမ / ၎င်း

hij / zij / het

ကျွန်ုပ်တို့

wij

သင်တို့

u

သူ့တို့

ze

ဘယ်သူလဲ။

wie?

ဘာလဲ။

wat?

ဘယ်လိုလဲ။

hoe?

ဘယ်နေရာလဲ။

waar?

ဘယ်အချိန်လဲ။

wanneer?

အမည်

naam

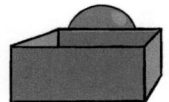

အနောက်ဖက်

achter

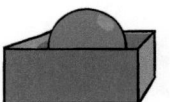

အတွင်း

in

အရှေ့ဖက်

voor

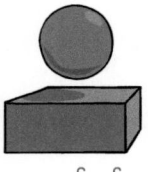

အထက်ဖက်

boven

အပေါ်ဖက်

op

အောက်ဖက်

onder

ဘေးဖက်

naast

ကြား

tussen

နေရာ

plaats